马长勋老师年轻时候的照片

马长勋老师拳照（2007 年）

2014 年 12 月，笔者与马长勋老师在天宫道场合影

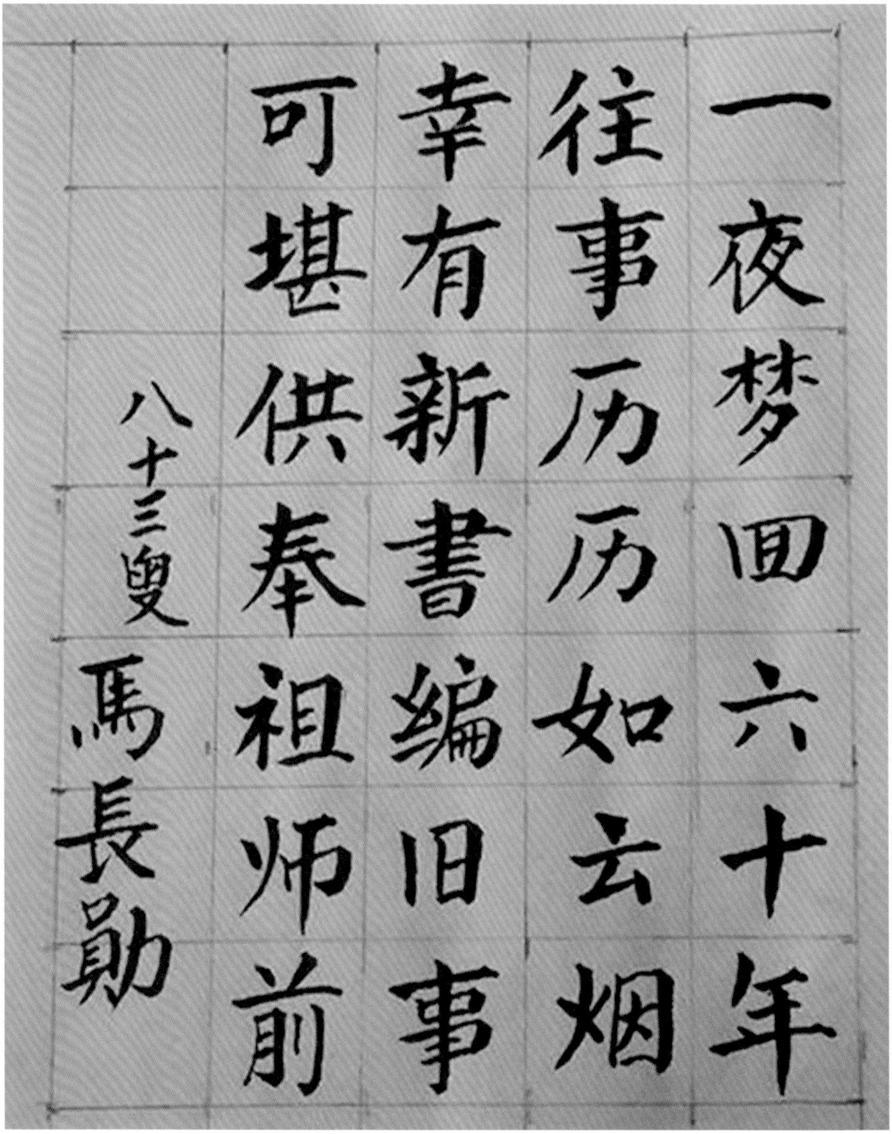

一夜梦回六十年，往事历历如云烟。

幸有新书编旧事，可堪供奉祖师前。

八十三叟 马长勋

吴式太极

【南湖传习录】

马长勋 口述
王子鹏 整理

中国出版集团公司
華文出版社

图书在版编目（CIP）数据

吴式太极·南湖传习录 / 马长勋口述 ；王子鹏整理.
-- 北京 ：华文出版社，2016.4 （2019.09 重印）
ISBN 978-7-5075-4505-0

Ⅰ. ①吴… Ⅱ. ①马… ②王… Ⅲ. ①吴式太极拳－基本知识 Ⅳ. ①G852.11

中国版本图书馆CIP数据核字(2016)第080836号

吴式太极·南湖传习录

口　　述：马长勋
整　　理：王子鹏
责任编辑：杨艳丽
出版发行：华文出版社
地　　址：北京市西城区广外大街 305 号 8 区 2 号楼
邮政编码：100055
网　　址：http://www.hwcbs.com.cn
电　　话：总编室 010-58336210　发行部 010-58336253　58336202
编辑部 010-63426125
经　　销：新华书店
印　　刷：北京明恒达印务有限公司
开　　本：710×1000　1/16
印　　张：17.50
字　　数：180 千字
版　　次：2016 年 5 月第 1 版
印　　次：2019 年 9 月北京第 4 次印刷
标准书号：978-7-5075-4505-0
定　　价：35.00 元

目　录

人物篇

南吴北王 / 002

师门往事 / 054

吴门诸贤 / 106

拳理篇

序一：武缘

1972 年中日邦交正常化，中日武术开始了交流。1975 年，由日中友好协会安排，日本武道界以三浦英夫为首的一些友好人士来北京访问并学习太极拳，当时由国家体委礼宾司特别委托北京武协，组织了刘晚苍等五位老师进行教学活动。在教学活动中，日方与刘老师搭手，都被刘老师轻松地化解，展现了中国太极拳功夫的魅力。新中国武术对外交流的开始，也是我和刘老师及徒弟马长勋成为朋友的开始。

在历次接待日本代表团的过程中，刘老师的精湛技艺给我留下了深刻印象。我的学生有多人跟他们师徒二人学习过太极拳及推手，现在我也经常到公园看马长勋和徒弟们的练习，玩一玩，叙叙旧。

1959 年春，我就开始跟随上海陈觉悟老师（吴鉴泉的学生）学习吴式太极拳，1961 年陈老师向我介绍了马岳梁老师和徐致一老师，我也见到过各门各派太极拳有功夫的老师。马长勋老师很成功地传承了刘老师的功法，所以我介绍了很多朋友向他学习吴式拳（包括外国朋友），均受益匪浅。马老师曾受吴式太极拳三、四代的名师指点，亲历目睹及苦练使他成为一名传承、推广太极拳的佼佼者。

太极拳有很多种流派，所以在推手方面也有不同的师承和技法，有练松灵的，也有练技巧和讲发劲的，我认为不管是用什么方法练习，都可顺其自然，自己喜欢就行就好，百花齐放。

所以这本《南湖传习录》，会使更多爱好太极拳者有兴趣，受到启迪，把太极拳的精髓传承下去。

吴树 2015.12.30

序二：真佛只说家常话

——读《吴式太极·南湖传习录》

《吴式太极·南湖传习录》这本书，还没有印出来，我已经拜读三遍了。

第一次是龙舞兄传过来一个做推广用的片断，不太长，很快就读完了。随后就认识了子鹏兄，聊了几回，熟了，就如愿地读了全书内容。龙舞、子鹏，说认识，其实都只限于网络，是网友，生活中并没有见过的。

子鹏兄反复说明，这本书其实已经删掉了很多内容。马长勋先生把关严格，凡是太过于奇特的，都删掉；凡是不利于团结的，都删掉。删得让人心疼，让人可惜。但是，把整本书细细地读下来，也就不心疼、不可惜了。用俗话说，这本书的“干货”实在是太多了，全是大实话，全是心里话，全是重点，全是心要。这就好像《罗马假日》里那位安妮公主，好好一头长发，剪啊剪啊，让所有人可惜。但剪完了，又让所有人惊艳。

两个不同时代的太极爱好者，年龄相差几乎四十岁。老者已经是顶呱呱的太极大师，少者也已经登堂入室。两人坐在北京一个叫南湖的地方，慢声细语地讲述吴式太极的家常话。老者几乎是掏心窝子，把几十年的学拳经历、前辈风范和心得感悟，一点一滴地向自己的小徒弟倾吐。小徒弟拿个现代化的录音工具，毕恭毕敬地，全程记录，完了再一篇一篇地整理出来，交给老者审核修改。最后，才编成这么一本不太厚的书。

我们想象一下，在这熙熙攘攘的红尘中，大家都为生计和名利奔波，又累又烦，永无宁息。偏偏就有这么一老一少，安安静静地做着这无关稻粱的事情。

马长勋老先生，在 20 世纪四五十年代的时候，就是这么一个痴迷于太极之道的少年。在家乡“跑日本”时,趴在高粱地里落下病根，后来中西医都看不好，只好去找太极。他幸运地融入了一个奇特的太极大家庭，拜吴式太极王茂斋系统的刘晚苍刘三爷为师，又去王茂斋家，向王子英先生讨教。然后吴门内外的各路高人，都毫不吝惜地指点他。马长勋个子不高，胖乎乎的，看上去憨厚善良，是个实诚人，一双大眼睛又蕴藏着灵气。大概就是因为这点善缘慧根，他被众多的师父们培养成了高手——太极文化的高手。

其实，马长勋当年只是一个贫寒的普通工人。每天要上班挣工资，要养家糊口，辛苦得很。从“贫文富武”的角度说，本来是没有成为高手的机会的，但吴门偏偏就是一个“不吃徒弟”的奇特门派，买一盒点心，请一顿饭，师父都不高兴。印象中，他们师兄弟大概只成功地请师父看过一次京戏。但师父教徒弟却不藏私，总要实实在在把徒弟训练出来才行。马长勋下班都半夜了，师父还在等他。有一回半夜下雨,心想师父大概不会出来了吧？结果跑过去一看，师父仍在。刘晚苍师父不但不藏私，也不小气，别的师父，别的高手，都让徒弟去请教，去汲取营养。这种师门，真是让人悠然神往。

他们师徒经历过最艰苦的年代。胖胖的刘三爷，在那个年代肚子都饿小了。师父饿得教不动，徒弟饿得练不动，但他们还在坚持，好歹都要练下去。坚持到终于有一天：国家需要了，他们就去为国争光；社会需要了，他们就去造福大众。他们参加了几十年外事工作，给外宾展示中国的太极文化。领导要求，既要显示出中国太极的实力和魅力，又不能伤及外国武林高手的面子。太极文化的奇妙和多年的正确训练这时候就起作用了，他们一次又一次地完成任务，一次又一次地为国家赢得荣誉。

我想，在那个时候，他们老少爷们，应该都是很欣慰、很自豪的，可以说是不负平生，也不负师门。

曾几何时，太极热起来了。到处都有人教太极、练太极、宣传太极，名师高手层出不穷，趣闻轶事花样翻新。又曾几何时，大众怀疑太极了，这个是假的，那个是没用的……太极既不如这个，也不如那个……

还有人学吗？还有人练吗？还有人教吗？哪个是真的？哪个又是好的呢？

龙舞兄介绍我认识了这位王子鹏。

子鹏也是一位辛苦谋生的打工者，要为生活奔波，要为未来担心。但是，他又有一颗想传承文化的心。他毕恭毕敬地，学这个拳，练那个刀，拜这个门，登那个堂。他想把他认为所有好的东西，全都继承下来，全都发扬光大。其志不小，其事甚艰。当今之世，不知道有几个人理解他，几个人支持他。

我想，马长勋马老先生，肯定是理解支持子鹏的，因为子鹏和他当年是一个样儿，"一箪食，一瓢饮，人不堪其忧，回也不改其乐"。在南湖的对谈中，马老打开了自己的心扉，把前辈诸贤和自己的一腔心事和盘托出，这不就是支持和信任吗？不知怎么的，我想起了《六祖坛经》，想起了永乐宫里的《钟吕传道图》，想起了《金刚经》里的"如来善护念诸菩萨，善付嘱诸菩萨"……

现在，这本书很快要问世了。不知道在未来的读者之中，有几个人能掂量出书中“干货”的分量？它们看上去那么平常，那么朴实，甚至像老生常谈，像絮絮叨叨。他们会相信，那是一位经历了数十位名师、练了一辈子太极的人，给自己心爱的小徒弟讲的真心话吗？

我也是一位多年的太极爱好者，平时除了练拳锻炼，也经常在网上大量阅读太极资料。子鹏兄把他们师徒推手的视频发给我看，完了小心翼翼地问我：“你看那个像假的吗？他们很多人都说是假的诶！”在那个短短的视频中，子鹏略一发力，马老几乎都不动，就把子鹏弹出好远，看起来确实像是表演，但表演给谁看呢？真的假的，会看的人心中有数。要我说，郎雄演的那个《推手》才是假的呢！我也曾经问子鹏：“你的推手现在究竟是个啥水平？”他回答：“没法说。什么时候你到北京来，亲自试一下就知道了。”

这两天，我又把全书从头到尾认真读了一遍。有惊喜，有启发，也有共鸣，在 QQ 上向子鹏赞叹了好几次。生怕他这个从头到尾的参与者、整理者，小觑了自己书中的内容。真佛只说家常话，家常话里是真金。这书其实不宜于初学者，没有一招一式地教人打拳，但练过三五年七八年的，或者是喜欢推手的，细细读几遍，就会知道这书的分量。另外，这书虽然讲太极之道，其实最主要的还是讲了做人，大家看看那些前辈风范就知道了。

王振川

2015 年 12 月 12 日

自 序

“谈人，力求平实，不捧不贬，宁可不足，不可过分；谈理，力求详尽，不隐不瞒，宁可失言，不可失人。”

这是我在动笔整理这本书的时候，马老师给我定下的基本原则。

本书分为两个部分：人物篇和拳理篇。这是笔者在整理的时候做的分类。最初的时候，并没有想到要写什么，只是想把马老师经常讲的往事整理一下。那是 2009 年夏天，我职业生涯中一个短暂的空当。大约有十几天的时间，每天上午，我和马老师约好，在望京南湖公园找一个安静的角落，聊聊往事，谈谈拳理，然后推推手。这些谈话被我用 MP3 录音保存，准备慢慢整理。此后的整理是一个非常缓慢的过程，有一搭没一搭的。其间，马老师不断会补充一些新内容，一晃三四年过去，终于在 2013 年整理完成，然后把内容归类、分出章节。最初定的书名是《吴门轶闻录》，后来我觉得“轶闻”为次，“传习”才是实质，所以本书实际是一本真正指导太极拳修炼的教课书，因为主要内容都是在南湖公园的谈话，遂定名为《南湖传习录》。

“人物篇”中，大多是吴式太极拳老前辈的事迹，很容易就会被认为是奇闻轶事。因此，在整理本书的过程中，这是刻意注意避免的。笔者最后所选择的这些老前辈的故事，马老师都有一个指导思想，就是这些故事对后辈学者的影响，对大家理解太极拳能否有所助益。因此，对于很多故事，马老师曾字斟句酌亲自修订。但由于内容实在太多，马老夙患眼疾，故未能全书校订，甚为遗憾。

佛法对修行方法总结为“十念法”——念佛、念法、念僧、念戒、念施、念天、念休息、念安般、念身、念死，用现在的语言应该是十种修炼的方法和途径。所谓“念僧”，就是后人参照先贤的修持经过作为参照,用以进步修行的方法。在佛法中,这类事迹较多见于《指月录》《五灯会元》等佛门公案。以我个人整理本书的理解，本书中这些吴门太极先贤的事迹，虽然未必达到如许的高度，但至少也可作为学习、理解太极拳的公案，理解对照，自当有所裨益。

因为受到自身性格和师承的影响，马老师一直是一个甘于寂寞、淡漠名利的人，对于所有的纷争都不愿参与。我记得他曾在讲解推手的时候和我说起：一位武术馆的馆长与他推手，正要摔他的时候反而被他坐倒在地下。这位馆长很大度，还把交手的过程刻了光盘送给他。我说我也想看看，马老师说他根本就没要，要人家这干嘛？类似这样的事还有不少，但是马老师坚决不让我写进去。有一些可能“不利于团结”的事,也被马老师亲自删去。这些内容的删减,不能不说是一种损失，但说出来则难乎免于口舌纷争。故舍之！

更为遗憾的是，马老师在练拳行功中的一些重要体会也被他亲自删掉。比如《玄关窍开》一节中涉及的部分体会，对于后人练拳行功无疑有极其重要的参考价值。这倒不是马老师保守，而是怕自己的体会“不究竟”“不彻底”，从而贻误后人。毕竟“玄关窍开”是太极拳和道家内丹修炼中的关键环节，不说没有关系，万一错了就会影响到别人的修行和成就。

当年在南湖，师徒二人谈到拳理的时候，很多情况下是边做动作边演示，一旦整理成纯文字，笔者自己也发现，理解起来可能不那么完整。这也是没有办法的事，当时也没想到录像什么的，时间一长，有些场景、动作，我自己都遗忘了。

笔者是 2001 年在团结湖公园认识马老师的。当时，马老师在几个学生的鼓励下，在团结湖公园招收了几个推手的学生。我当时是第一次到团结湖公园，真是有缘，一眼就看到了一个很小的横幅，从此就跟马老师学习 66 势、推手。只是由于悟性和时间限制，十多年来，进步甚微。我曾就此问马老师，就算太极十年不出门，我跟您练也十来年了，怎么还是没“懂劲”呢？马老师说，你不能这么算时间，你是跟我十来年了，可是这十来年里，你有几天练拳了？是练拳的时间多，还是偷懒的时间多？就算每天练一遍，你练的时间加起来有一年吗？马老师这么一说，还真是让人汗颜，传而不习，自然道之不行矣！

因为自身水平有限，笔者对马老师讲解内容的理解难免有限，再加上言不及义，言之无文，写出来就难免鲁鱼亥豕错误百出。马老师于今已经 81 岁高龄（2014 年），也难以对本书全部勘校，本书涉及的历史掌故、人名、地名等难免讹误错漏，尚请读者勘误指正。

本书涉及众多历史图片，大多由马骏先生（马老师之子）提供。

王子鹏

2014 年 3 月 19 日星期三

人物篇

吴式太极拳，第二、三代是一个无法逾越的高峰。他们的事迹、理论，特别是他们炉火纯青的技术，随着时间的推移，离我们越来越远了。

因为机缘巧合，我和吴式拳第三代人接触较多，对第二、三代这些前辈，尤其是王家这一脉的事迹所见所闻略多一些。关于那个时期，武术界传闻很多，真伪难辨。很多事，如果不说，以后知道的人，恐怕就更少了。

我所说的这些事，都是我亲眼所见或亲耳所闻，所说必有出处。听来的事迹、掌故，如果没有特别说明，基本都是出自师叔温铭三先生之口。

追溯往事，力求不捧不贬，还原一个真实的吴门诸贤。有些涉及门外中人的，或隐去姓名或宁可不写，这也是对老先生们的一种尊重。

——马长勋

南吴北王

1927 年，吴鉴泉先生南下上海，
王茂斋、王子英父子留在北京，
王家与吴家一南一北，互相呼应，
后人称为“南吴北王”。

王茂斋篇

王茂斋先生

吴门立雪

我从1954年开始学拳，60年来，一直在吴式门中摸索。幸运的是，我不仅得到恩师刘晚苍先生的无私传授，而且有幸得到吴式第三代人的亲自指点。回想起来，那真是一段难得的机遇。在吴式太极拳第三代诸贤中，我在王家学艺的时间比较多。因此，对王家两代人的事迹，知道的略多一些。

据温铭三师叔回忆，当初王茂斋先生结缘太极拳也是非常不易的。温师叔自小在王家长大，对这类掌故知道的不少。吴式太极拳创始人为吴全佑，全佑先生教的人少，在太极拳上真练出来的外姓人只有一个，就是王茂斋先生。还有两个学生，一个后来学了螳螂拳，另一个是常远亭，后来自成一派。

王茂斋先生1862年生，1940年故去，享年78岁。先生老家是山东省掖县（今莱州市）大武官村。王家是买卖人，茂斋先生从小学徒，36岁领东，当了“同盛福”掌柜。“同盛福”实际是一间“麻刀铺”，相当于现在的建材商店，主营建筑材料，比如砖瓦灰石，还有木炭之类的东西。“同盛福”地点在东单，东四牌楼往北路西，有三间门脸，在钱粮胡同还有个大仓库，买卖不算小。

茂斋先生当了掌柜之后，时间安排有了点自由，早起经常去公园遛弯，由此才和吴式太极结缘。

当时，吴全佑先生领着两个人在公园练拳，其一是吴鉴泉，另一个是郭松亭。吴鉴泉是全佑家公子；松亭是郭芬的字，他是交通大学的毕业生，很有学问。

茂斋见这三人练拳推手与众不同，温文尔雅，韵味十足，丝毫没有使力斗狠之类，越看越爱。几番之后，就冒昧上前，表示希望跟着学拳。全佑先生客气几句之后说:“这是我们自己玩玩，不教拳。”

须知吴全佑先生从师杨露禅先生学拳十分不易。杨露禅先生来京之后，所教的尽是王公贵胄，全佑先生以王府带刀护卫的身份一度不能列为杨露禅先生弟子，虽然是杨露禅先生亲自教拳，却身列杨班侯门下。全佑先生此技得之不易，自然不会轻易传授给一个不知底细的外姓之人。

茂斋先生虽然不知原委，但他很有办法。虽然全佑先生表示“不教”，但是茂斋先生对全佑先生却愈加恭敬。既然是在公园练拳，在旁边“看拳”，谁也没有办法不许。从此以后，只要全佑先生他们师徒父子练拳推手，茂斋先生就在旁边观看。等全佑先生回家的时候，他就一路相送，边送边聊天，一直送到老先生家门口。如此一来，不仅慢慢熟悉了，而且也就知道全佑先生家住在哪儿了。

翌日，茂斋先生早早起身，到全佑先生门口相候。全佑先生一开街门，他就跟人家走。那意思是，你烦不烦我也不管，我就跟您聊天，我尊敬您，这总没问题吧？就这样一直来到公园，看他们练拳，然后再送全佑先生回家。

如此，日复一日，天天如此。送来送去，到了冬天。某日天降大雪，茂斋先生照去不误，在吴家门口站着，大雪落下来，堆在身上，成了一个大雪人。全佑先生拿着笤帚出来扫雪，冬天天亮得晚，天还不太亮，一开门看见个雪人吓了一跳。“雪人”忙拱手请安，全佑先生才知道原来是每天跟着自己的王掌柜，赶紧让到屋里暖和暖和。全佑先生深感其诚，后来收茂斋做了入室弟子。

那一年，王茂斋先生已经36岁。

开　窍

学太极推手要“开窍”，王茂斋先生开窍于“促磨”。

早年间，武林中收徒，有个仪式，邀请本地各门各派有头有脸的名家、前辈参与。既是个仪式，也是给各家各派打个招呼，这个徒弟是我的了，以后大家多多关照。

在这个拜师仪式上，与会嘉宾循例会有一个助兴表演。那时候有一个功力很强的练家子，在北大专业教拳，力大功深。不管谁家表演，专门点王茂斋先生推手。对方功力深厚，王茂斋先生学拳未久，推起手来，十分别扭，但又不能不接，感觉功夫需要提高一步，一时不得其门而入，为此颇为烦恼。

王茂斋先生每到过年都要回山东老家。有一年，他歇工的时候，回到老家，就把村里年轻的小伙子找来，练练推手。推手之间，仍然感觉不够利落。能发出人去，但感觉拖泥带水，不够“脆”。

那时节，过年家家都要磨面、蒸馍、炸绿豆丸子。这个时候，大家都磨面，村里促磨的人就特别忙。所谓促磨，就是石磨磨久了，石头磨平了，过于光滑，失去摩擦力，磨粮食就慢了。这时候石匠就拿铁錾子敲击磨盘，在石磨上打出均匀纹路，使其磨粮食速度加快。当时一个村里有石磨的人家不多，但也不止一个。一个村里的人，都到这几家有石磨的人家来磨面。用磨不要钱，但磨出来的麸皮，还有牲口拉的粪都归石磨的人家所有。所以，这时候大家都宁愿花点钱请石匠“促磨”，既加快了速度，还能多得好处。

一天，茂斋先生就在那里看人家促磨。促磨的石匠，手里拿个小錾子，一边打那个磨槽一边跟他聊天说话，眼不看手，叮叮当当，非常灵活利落。茂斋先生觉得好奇，心有所动，就说，我来试试。王茂斋先生拿过来錾子，一不留神，“当”的一声把人家石磨给弄下来一块。促磨的人说：“老伙计，你不能使这个死劲，手把要活，打在石头上要有那个弹劲，不是死力，你看这样，叮叮当当的，就把石头渣给打下来了。”王茂斋恍然大悟，说原来你这是“活把”，我这是“死把”，再来。茂斋先生一放松，手上就轻灵了，叮叮当当的也行了。促磨的师傅说，这就对了，既省劲儿又好使，听着都脆生。

至此，茂斋先生豁然而悟，推手从此“开窍”。

到了晚上，村里的小伙子们又来了。这回推手，王茂斋先生把这个新悟到的劲用上了，一放松对方就打出去挺远。这个劲，就是后来的“粘、化、打”，就像促磨那个錾子似的，一点一松再一打。一粘人，引起你注意了，你来劲我一化，你一惊我一打。道理就是如此。也就是我们说的“一、二、三”。

开窍之后，如同佛家开悟，见性而已，并非一了百了，还需用功参研。王茂斋先生把这个劲在老家练得熟之又熟。

回北京不久，又有人收徒弟请客，茂斋先生笑道，这回行了。这一次，那位先生又点王茂斋先生推手。这次情况就不同了，一粘一化一打，老先生被茂斋先生推出去老远。这一下老先生也乐了：“你长了，老伙计！”

补充一点：这位功力十足的老师，原来是教拳的体育老师，后来练功受惊，双耳失聪。他家里有个四合院，窗户前头摆了几盆花，家里养只大猫。有一天，家里人都出去了，他一个人在屋里打坐，一会儿就入静了。外头来一只蝴蝶，围着花转，屋里的猫看见了。玻璃擦得很亮，猫大概没有玻璃这个概念。这只猫隔着玻璃铆足了劲一扑，玻璃碎了，哗啦一响，一惊之下，从此双耳失聪，打雷都听不到。

“开窍”，应该属于顿悟之一种，从渐修积累而来，到一定程度豁然而悟。王子英先生对此专门讲过多次，开窍得靠自己，得多练。他打过一个比方，说这三间屋子，里头藏的都是太极拳，我开开门，把你推进去，你也学不会，看也看不懂。什么叫“开窍”呢？你整天想，我怎么就练不出来呢，脑瓜子整天就想这个。猛然间，用唾沫把窗户纸点开，看见一块，哦，明白了一块。原来这就是太极拳啊，这就叫“开窍”。开一次窍，就多明白一点。

这是一个修炼的过程，老师也帮不了，只能靠自己慢慢积累，唯精唯一，终于有一天豁然贯通。开一次窍，你就往前进一步。人都得经过这一个阶段，包括盘拳，都需要这么一个量变到质变的过程。

十年磨出吴式拳

王茂斋先生在跟全佑先生学拳之前并没学过别的拳种，专精太极一门。

全佑先生 1902 年去世，此后王茂斋、吴鉴泉、郭芬三人在一起，对太极拳和推手进行了细致入微的研究。这项研究工作是在 20 世纪 20 年代之前，1927 年吴鉴泉先生迁居上海，“老哥仨”就分开了。

当年，三人或在“同盛福”二楼，或在钱粮胡同的仓库，每天研究推手和拳架，如是者十多年。此事，当时北京武术界都知道，天长日久，三人干脆被尊称为“老哥仨”。

三人都是成名成家的人物，能如此坐下来互相切磋研究，在今天看来，尤其是一件非常难能可贵的事情。三人不仅技艺超群，更是兄弟情深、道德高尚，有君子之德、容人之量，这才有切磋研究的可能。这十年，除了吸收研究各家之长，研究的最主要内容，就是全佑先生从杨露禅先生那里得来的那一句话——“守住中定往开打”。

当年，全佑从师于杨露禅先生。杨师回归故里，全佑依依不舍，送了一程又一程。杨师深感其诚，临别赠言曰：“守住中定往开打。”

全佑先生豁然而悟，所有吴式拳的技巧变化都从此一句话中蔓延开来。可以说，这一句话，点破了太极拳的核心。什么是“中定”，怎么“往开打”？这一个问题上，经过几代人的研究，才流传下来细腻入微的吴式太极拳。其中，“老哥仨”的这十年，可以说是吴式太极拳真正定型的时期。

当时研究得有多细腻呢？王茂斋先生和吴鉴泉先生两人推手，双方功力差不多，走着走着，一个劲走不开了。郭芬说你们都别动，赶紧用素描方法画下来，回到家拿角度尺用力学去分析。第二天，用力学原理解释这个劲该怎么解、怎么走化。“老哥仨”在一起十多年，用这个法子，聚精会神地研究站桩、盘拳和推手，吸收各家之长，其中聚精会神的研究就有八年的时间。因此，吴式太极拳有它独特之处，和这些老前辈做的这些研究是分不开的。

三人中，吴鉴泉先生最“柔”，王茂斋先生最“沉”。郭芬是大理论家，对拳论研究得非常深，当然作为一个文人，功力比两位老先生稍差。那个时期的大学生，都是千里挑一的人才。这三人能凑到一起研究十多年，可谓空前绝后，绝无仅有。

郭芬先生

这些故事都是师叔温铭三先生讲的，他和王家是亲戚，打从梳小辫起就养在王家，所以他经历的多也听的多。据温师叔讲，“吴式四杰”各有特点，王茂斋先生的“沉”，吴鉴泉先生的“柔”，到下一代，杨禹廷先生的“小”，王子英先生的“大”，各占一绝。

所谓“柔”不是现在常常误

解的“懈”“跑”，而是轻灵柔化，推手很轻，拿人很准，发人很脆。

所谓“沉”，不是“死”，搭上手你会感觉他沉得不得了，但是却非常空灵。

所谓“大”，不是力气大，王子英先生身材魁梧，孔武有力，但从不进手攻人。他是大气大度，接上手，能把你的劲吃尽了，不管什么劲都能化掉，有气吞万里的感觉，他用软弹劲发人的时候，发人很远，但对方却没有不适之感，尤其值得研究。

所谓“小”，不是动作小，而是听劲极准，不管多小的劲都跑不掉，发人不远但非常舒服。

掌中鸟不飞

大家都知道杨露禅先生有“掌中鸟不飞”的绝技，不知道的是王茂斋先生也能做到。这事还困扰了温铭三先生许久。

温铭三先生和王家、吴家交往都比较多。他小时候和王茂斋先生遛弯儿经常逛隆福寺。那地方当时就是一个大的农贸市场，还有个鸟市。王茂斋先生有时就在那儿露一小手。

有一次，茂斋先生遛弯儿，温师叔那时候还是一个小孩儿，在后面跟着。茂斋先生来了兴致，对一个卖鸟的老板说：“你这鸟欢实不欢实？”掌柜的说：“欢实着呢。”说着，拿笼子递过来一只。王茂斋先生伸手抓过来，摊开手心，鸟却飞不起来。茂斋先生对老板说，你看这鸟不行啊，再换一个。连换几个，都飞不起来。

这就是茂斋先生开的一个小玩笑，卖鸟的可纳了闷儿了。温师叔也跟着纳闷儿。大家都认为这是听劲到了登峰造极之处，手软得鸟都蹬不上劲，无处借力，所以飞不起来。但是，温先生认为这都是传说，听劲再好，也达不到这个程度。

这个闷儿纳了十来年。温先生一直认为，这是一个技巧，你把鸟拿来，他接过来轻轻一攥，再一撒手，这鸟还没缓过神来呢，还在发愣，它刚要飞的时候，你又给抓回来了。当然他说，这种技巧也包括了听劲。要是你这手老张着，你手能软成那个样子？不可能。

当然这是温铭三先生分析的，是他的观察和他的观点。他觉得，人的手哪有那么软和？你把鸟搁棉花上它也能飞，所以这里面有技巧，这也有道理。就算是有技巧，也是功力的体现，不知试过多少次才能有此技巧。现在，这些大家都做不到，真实情况如何，我们不好臆测。至少，传说中“掌中鸟不飞”的绝技，王茂斋先生也能做到。

飞了的烤鸭

王茂斋和吴鉴泉两位老先生过从甚密，经常一起练拳一起吃饭。

某日，两位先生相约到外头吃烤鸭。那时候吃烤鸭都讲究到鲜鱼口道北的便宜坊，那时候好像全聚德还没它出名。

鲜鱼口在大栅栏附近，最初是个漕运码头，贩卖鲜鱼的地方。便宜坊在鲜鱼口路北，那时候有两间门脸，一进门就先看见烤炉。

那个时候，那个地方都是外国使馆，人少车也少。两个人从四牌楼奔前门走过来，走到东交民巷玉河桥南口，发现后头有个小伙子一直跟着他俩。这人拉着一辆洋车，瞧着挺干净利索，车上也很利索，是个空车。

走着走着，这个小伙子说，你们这俩老头雇车不雇啊？这话就有点不礼貌，让人听着很不舒服。王茂斋先生倒很客气，说道："你一辆车，我们这儿俩人，怎么坐？要不你再给我们找一个？"小伙子说："我一个人就能拉你们俩。"这是话里有话，王先生不高兴了，说你这小伙子怎么说话呢？"那你说应当怎么说啊？"这小伙子说着就把车把放下了，这架势就是找茬了。

王先生说你要打架？小伙子说，要动手你老头子是"个儿"吗？

话既然挑明，说话的工夫，小伙子就先下手了。这小伙子还真有功夫，用了一个招数叫“双飞燕”，也叫“鸡跺子”，就是把身体拔起来双脚踢人的胸口，是个非常狠的招数。

王茂斋没躲，一闪身一接他的劲，连化带借，小伙子就地吃了个大亏，崩出去摔了一溜滚。

这小伙子起来扑了扑土，抱拳说道：“老爷子，行！真是名不虚传。久仰您的大名，让您生气了……”

王茂斋先生哭笑不得，说：“你要是打算过过手，也不能采取这路办法啊，你看我们还怎么吃烤鸭呀，挺白的小褂印上俩脚印，得，回家吧。”

这事温铭三先生和董焕堂先生都亲口和我说过。

“二百五”

早先，王茂斋先生柜上有一个亲戚，是他们老家山东人，姓林，他们家过去是干保镖的，他的哥哥人称“铁枪林”。这个人的名字记不清了，大概叫林其树，外号叫“二百五”，有点愣头青，也会功夫，练得也不错，所以也经常给王茂斋先生招点小事惹点麻烦。

此人好动，一个看不住就跑出去，到别的武术社找别人动手。后来人家就找王茂斋先生告状：你们这儿有大买卖，不愁吃不愁喝，我们就靠教拳吃口饭，您这老乡亲没事净给我们裹乱……王茂斋先生因此没少给人家赔礼，回来就说他，他当时也接受，但这毛病就是改不了。

后来，有一次，吴鉴泉先生到王茂斋先生家串门。老哥俩就坐在火炕上，炕上搁一个小饭桌。哥俩喝点小酒，边喝边聊天。碰巧，这时候“二百五”进来了。一拉门，看见两位先生盘着腿喝酒，很高兴。说声，吴师叔来了，你们喝酒我给添点菜。说着就跑到东四牌楼那儿买了点“盒子菜”。就是猪头肉之类的下酒菜，使荷叶包着，托着进了屋。

这时候“二百五”比谁都客气，把荷叶包搁在桌上，说我给您二老敬酒，边说边拿起小酒壶倒酒。

那时候，老先生们都特别注重礼节，他敬酒的时候，吴先生盘着腿在炕上坐着，就欠欠身伸伸手表示客气。没想到，这“二百五”心里自有打算。就在吴先生一欠身一伸手的时候，小酒壶一扔，喝道：“这你还走得了吗？”伸手奔吴先生的胸脯和肚子就扑过去了。可是，也没看见吴先生身体有什么动作，就看见这“二百五”刚一挨着人家，自己就飞出去了，把风门子都打掉了，也就是从屋里给打出去了。

“二百五”从地上爬起来，拍拍屁股说：“好好好，名不虚传，名不虚传。”王茂斋先生可就急了，说：“你这是要干什么！”“二百五”忙说：“你们老说吴师叔功夫好，我打算试试。”王茂斋喝道：“有你这么试的吗……”虽然又挨了一顿批评，但这“二百五”积习难改，依然惹事不断。

因为他老惹事，后来就到旧军队去了。因为会功夫，就在旧军队里当了武术教官。没事就带着一帮大兵，哪儿有教拳的，就到那儿去踢场子。如此这般，得罪人太多了，后来人家联合起来，把他给“毁”了。

铁枪林

这“铁枪林”和他弟弟可不一样。

铁枪林，名叫林占令，也是山东莱州人，王茂斋的“老乡”。据说 5 岁拜齐德元为师学形意拳，曾得白西园、宋世荣、车毅斋、郭云深等名师指点，善使铁杆大枪，人称“铁枪林”。

铁枪林以保镖为业，事业不大，经常来北京。因为镖局不大，平时接不上活儿。逢年过节，大的镖局放假歇业的时候，有急事走镖的，他能接点“短儿”。镖局的名字，我也记不清了。

有一年，铁枪林上王家来，正好赶上吴鉴泉先生也在王家。王茂斋先生于是就上前引荐，你不是老说想见见吴老师吗？今天就在。铁枪林功夫很好，和吴鉴泉先生相谈甚欢。后来就和吴先生搭手，不灵，怎么也不行。

后来，院里一帮伙计看见就乐，说就这个你还保镖呢？你年纪轻轻的，到人家老头手里头连脚都站不住，你还保什么镖啊？这也是起哄，拿他开玩笑。铁枪林说，你别看我跟吴老师手里不灵，我跟你们可行，不行你们十几个人一起上，咱们就在这院里折腾折腾。他一个人对付十多个，全都叽里咕噜，谁也弄不了他。

其实铁枪林是真有功夫，“铁枪林”这三个字可不是浪得虚名。

有一次，他接了一趟镖。他是山东的镖局，北京周边的规矩不太懂。北京周边的镖局有个规矩，到沧州不能喊镖趟子亮镖旗，表示对这个地方的尊重，但是铁枪林不懂这个。大过年的，押着镖到沧州，插着镖旗喊着镖，完全不知道这个规矩。

过了沧州，出了西门，还往西走的时候，有人就跟上来了。人家对他说，朋友，这个地方的规矩你不懂吗？他说，什么规矩呀？他说话是一口山东口音。对方说如此这般……铁枪林说这规矩我不知道啊。对方说，你不懂不行啊，你既然这么做了，咱俩得过过招。铁枪林人实在，说过什么招啊，我这是做买卖呢，我跟你一过招，你把我猝趴下了，我这镖可怎么办啊？你要怕我跑了，你就跟我走，住店我花钱，吃饭我管饭，回头我交了差，咱俩再过招。

对方一听，乐了，说那我就跟你玩儿一趟去。于是竟然坐上铁枪林的镖车，跟他一起来到山西。到山西交了差，又回到沧州，住到此人家里，俩人这时候就跟朋友一样了。铁枪林说，我不能总在这儿耽搁，不是说办完了正事咱俩比划吗？那咱就比划吧。

铁枪林用的是铁杆大枪，放在镖车上没拿下来。此人也是沧州有名的武师，家里搬出刀枪架子，说林老师，您看哪个家伙顺手您就使哪个。铁枪林说我就使枪，说着就从架子上拿起一杆枪。对方也拿了自己的兵刃，等着铁枪林进招。

铁枪林拿过枪来，一顺把一抽，嘎巴，枪杆折了。说，这个不结实，您再给换一个。一连抖折了三把枪。对方说，算了，咱不比了。从此俩人就交了朋友。

那时候这些人的功力真好，那大白蜡杆子，咱们用手窝也窝不断，他一抖就断，那得多大的速度。正所谓英雄爱英雄，好汉爱好汉，铁枪林和他弟弟命运截然不同，也是应了“性格决定命运”这句话。

结交袁良

王茂斋和北平市市长袁良的交往，堪称武林一段佳话。

据说，袁良[①]调到北平当市长是明升暗降。他在上海的时候就非常喜欢太极拳，跟着吴鉴泉先生练拳。袁良调到北京，就要离开吴鉴泉先生，感觉特别遗憾。和吴鉴泉先生说，自己特别喜欢推手，到了北方找谁推呢？吴鉴泉先生说没有关系，北京有我师兄王有林（王茂斋名有林，字茂斋），我给你推荐。于是为袁良写了一封信。

袁良到北京后，在上任前空出来的几天，到王家找到了王茂斋。王茂斋是山东人，性格很实诚，一看此人是外地人，就说，你在北京有住家吗？袁良说没有。茂斋说，这不好办，你没有住家，住店的话，你住得起吗？你学拳我可以教你，吃饭可以在我这里吃，住的话我这里可住不下，再说这东西也不是三天两天就能学会的。袁良说这些我都能解决。王茂斋说你能解决就没问题，学拳的话就到我这里来吧。说完之后，袁良就走了，当时并没有推手。但是，这一次，袁良对王茂斋家里的气派、练拳人的状态有了初步的考察和

① 袁良（1882—1952），1933年6月至1935年11月任北京市市长，民国第四任北平市长，原北洋政府国务院参议。1929年为外交部第二司司长，1929年10月任上海市公安局局长。因上海当时属经济中心，明升暗降之说，或因此而起。

印象。

不久，袁良走马上任，忙完应酬和公事，急忙找到北平国术馆的馆长，杨健侯的弟子许禹生[①]。许禹生一听市长有请，颇感诧异，但又不能不去。袁良告诉他，我特别喜欢太极拳，特别是推手，你明天找几个人，咱们玩玩。许禹生就给找了三个，一个杨式、一个陈式、一个吴式。三人和袁良推手，三人可能也比较客气，结果袁良很不尽兴，三个人都拿不了他。这就跟抽烟一样，你这根烟没那个劲儿，抽着不过瘾。

袁良就对许禹生说，你得找点好手。后来又组织一次，还是不满意。最后，袁良对许禹生说，我听说四牌楼那儿有个高手，大概姓王，你能不能把他找来。许禹生说，你要找他，那更好办了。许禹生和王茂斋先生相交甚厚。袁良说，你们认识，那太好了，拿我的汽车把他接来吧。那时候汽车多稀罕啊，就把王茂斋先生风风光光地接进去了。

王茂斋进去一看，这位北平市长竟然就是上次上门学拳的外地人，惊讶不已，赶紧为昔时的唐突道歉。袁良一笑，说，其实您说得非常实在。当时，袁良留个心眼，并没有露吴鉴泉先生那封信，只是说自己喜爱太极拳，喜欢推手，喜欢结交朋友。谈了一会儿，说推推手吧。

面对市长这么一个有身份的人，王茂斋充其量不过是一个买卖人，不敢得罪市长，因此也是只敢应付，不敢进手。袁良推，茂斋随之运化，袁良使不上劲，也推不进去，也很不舒服。袁良说，先生您得拿出功夫来。茂斋说，我就这点功夫。袁良看明白了，说，今天是休息，这里也没外人，您也别拿我当市长，就当我是一个太

---

① 许禹生、吴鉴泉等于1911年底创办“北平体育研究社”，许禹生任常务副社长，吴鉴泉、赵鑫洲、刘彩臣等为教习。

极拳爱好者，您就别客气，您要再不推我，我可得推你了。

话一说开就好办了。王茂斋先生推手有个习惯，必让三招。舍己从人，让对方三手过去。三手过后，王茂斋先生一肘把袁良给悴到桌子底下去了。袁良爬起来，乐了，说：这才过瘾呢。于是，这两个人真使唤上了。不过从第二下开始，王茂斋就把袁良往沙发上扔了。推手之后，袁良一拉抽屉，这才把吴鉴泉这封信拿出来。老爷子一看，叹道，唉，你怎么早不露这封信呢！何至于此啊。从此，袁良口头上就认王茂斋为师了。以后有场合、宴会之类，经常带着王茂斋先生前往。

这是王茂斋先生和袁良市长交往的一段往事。

当时北京城还流传着一个“大粪勺子扤袁良”的故事。

在崇文门里头，东单广场，当时北京所有掏大粪的都集中在那里。袁良有一次开会从那儿路过，刚一出来，他的汽车就被大粪勺子给浇了。原因是他当时想改善北京的卫生设施。这样一来，掏大粪的就面临失业，所以他们就集合在那里，给袁良的汽车泼了大粪汤子。后来，袁良还真的就没敢改。

按：袁良上任之初，正逢《塘沽协议》签字不久，华北局势危在旦夕。袁良考虑到北平作为元、明、清三朝古都，若将北平规划建设成为旅游胜地，使北平成为东方最大的文化都市，以期让国际社会瞩目，希望藉此遏止日本的“染指”图谋。

袁良借鉴欧美各国城市规划与市政建设经验，颁布了《北平市游览区建设计划》、《北平市沟渠建设计划》、《北平市河道整理计划》等城市建设计划，开北平大规模城市现代化建设之先河。“扤袁良”之事，或正因此举触动底层群众生计，功亏一篑。

学拳管饭

王茂斋先生名气大，交友广。从王茂斋到王子英，这两代人，几十年的时间，家里天天有人。在“文化大革命”之前，每天晚上还有十几个人，朋友、徒弟、师侄、徒孙辈的都有。别的不说，就是这份耐心就难能可贵。

王茂斋先生不仅有耐心，不仅教拳，还带管饭。早上在他家练完，就在那儿吃早点，上午练完了有中午饭。虽然没有特别好的，但大米饭、大馒头、熬白菜、炒疙瘩头管够，要喝酒的自己去取。

王茂斋先生为人大度，广交武术界的朋友。同门中人，师侄也好，徒孙也好，谁家有困难找到他，从没二话，都帮衬着。

据说有一次，街上有一个人，冲王先生鞠一大躬，口称师爷，说家里遇到点困难，找师爷帮忙。那时候没有钱包，出门都带钱口袋。老头伸手往钱口袋里掏出一把钱，说不够你再找我。

后来，王子英先生知道这事，哭笑不得。说这人叫您一声师爷，您就给人钱，伸手抓一把，您也不知道多少钱，这人您认识吗？老先生说不认识。“不认识您怎么就给钱？”“人家叫我师爷呢。”老先生就是这样的人：忠厚，没心机，乐于助人。

他收徒弟，也是分文不取。杨禹廷是带艺投师，之前有两个老师，到王先生那儿拜师，观点也很明确，指着这个吃口饭。拜师的时候有 5 位，杨禹廷是大师兄，还有李文杰、张继之、曹幼甫，另外一位，大概是姓魏，但是他没练下来。一共是 5 个人，后来坚持下来的就 4 位。

拜师的费用是张继之先生出的。张继之家是开营造厂的，就是盖房子、修理房屋，相当于现在的建筑公司。所谓费用，就是吃顿饭，请一些同门好友，武术界的知名人士。这既是个仪式，也是为了到社会上大家有个关照。大家都知道了是谁家徒弟，省得找麻烦。那时候武术界比较复杂，很多人指着这吃饭。你教拳，兴许就把人家的学生抢走了。我跟着刘老师学了几十年，我也没交过一分钱学费。

除了吴式拳门内的人，别的门派的老师也经常到王家串门。那时候的风气和现在不一样，大家切磋技艺，不像打架，手里都有尺寸。王茂斋先生交往的人非常广，尚云祥、程廷华（眼镜程）、马世清、尹福等都到王先生家来，从来没有今儿吵明儿闹起来的，大家一起研究，互相交流交手。尚云祥先生更是王家的常客，关系非常好。

吴鉴泉篇

吴鉴泉先生

吴式第一好手

在吴式门中，我听闻过的，推手最好的当属吴鉴泉先生。

王子英先生曾经给我讲过吴鉴泉先生的一门绝技。“文化大革命”的时候，王子英先生回了老家，后来又回北京一阵儿，这期间，曾经谈起过这门功夫。

当时是在王家，我们都见过王子英先生身上的鼓荡劲儿，你摸哪里，哪里就好像等着你一样，一摸就没了，但是他还能返回来，他直接能从那里返回来把你拿住或者推出去。我们说，王先生您身上这么好的功夫，一挨着您哪儿，您哪个地方就能鼓起来，像个鼓包似的。您身上这劲儿实在太好了，我们恐怕学不来。王子英先生就说，你们是没见过我吴师叔（吴鉴泉），我这个功夫和吴师叔比就差远了，人家吴先生身上随便哪儿，只要一挨着就能弹起一个包来，一下就把人发出去。所谓“太极推手不用手，浑身上下都是手”，人家已经到了那个境界。

有一年，我们和姑奶奶吴英华在丰泽园吃饭，她说，你吴师祖跟人推手用不着手，不管是站着还是坐着，你摸他哪儿他都能化、都能发，看不见他的动作。

所以吴鉴泉先生真的练到了周身无处不鼓荡，无处不太极的地步。

吴鉴泉先生另有一门绝技，那是属于高层次的东西，叫“大气鼓荡”。现在就是书上也没人写这个了，更没听说哪位老先生身上有这个东西了。吴鉴泉先生的后人吴公藻的书里提过“大气鼓荡”。我本人也没见到谁有这个功夫，亲眼见到的是李文杰先生。

据李文杰先生回忆，那次推手的对象是许禹生，地点在北新桥草场，到底是几条，具体记不太清了。

1927年，吴鉴泉先生应邀去上海，大家到吴先生那儿去。许禹生先生就说，您这个大气鼓荡得让我“尝尝”。许先生当时是北京国术馆馆长，杨健侯的学生，又有文化又有功力。这时正好李文杰先生放学，他那时候正上中学，放了学就赶到吴先生那儿去，正好赶上，有幸见证了这一绝技。

李文杰一听谈这个，赶紧在旁边边听边看。许先生提出后，吴鉴泉先生说，“尝尝”行，但是这个功夫可不好受，弄不好你就得吐。许先生说，那我也得尝尝，您这一走不知道以后什么时候再见上面，这个功夫还很少见，听都很少听说过，必须要亲身体会一下。

于是俩人就在吴先生教拳的屋里推手。那个房子是三间，在东里间推的手。俩人也不见有什么特殊的举动，也就是边说话边“打轮”（吴式四正手，下同）。李文杰在边上也看不懂，只是觉得好奇，只看见吴先生也不发也不拿，只是把许先生弄得前仰后合。这样推了一会儿，许先生突然说不行了，捂着嘴就往外跑，到院里就吐了。李文杰那时候也不太懂这些东西，也不明白究竟是怎么个奥妙。

到后来，吴公藻先生写书的时候，他说那个感觉就像船到海里遇见风浪一样，好像有点晕船的感觉。我们分析，可能是用内气把对方的内气鼓动起来了。许先生前仰后合，似乎是处处按空，推不到东西。我身上也没这个功夫，也没见第二位谈这个东西，只能这么推测。

在当时，吴鉴泉先生是公认的高手，同期的有杨澄甫、杨少侯，都是同时代的人，同为太极拳修为高人。

吴鉴泉先生之所以有那么好的功夫，是因为和家传有关。这是我听一个姓何的先生说的，他管吴鉴泉先生叫姨夫。何先生手推得也行，劲儿也整，但功力不大。他说吴鉴泉先生从小时候，也就是还在怀里的时候，全佑先生就抱着吴鉴泉摆弄这个劲，所以他身上就有了与众不同的能力。

一根筷子对大杆

话说有一年，吴鉴泉先生在王茂斋家里吃饭。

说话间提起太极黏杆，王茂斋先生一看是个好机会，就想让王子英好好学学，说赶紧拿家伙，让师叔给你说说杆子。

王子英就拿过来两根杆子。因为正吃饭，吴鉴泉先生只转过腰，并没站起来，说不用，你拿一根杆就行了。就见吴先生拿了一根筷子——筷子对大杆。王子英大杆一抖就过来了，吴先生拿筷子一问劲，"叭"一点，王子英先生就蹦起来了。

按说一根筷子能有多大劲？这里也有技巧，你点的时候不能用筷子尖儿，要用中间靠下的部分。而且这里不是比力气，他听你的劲，你的劲一来，他一空你的劲，"叭"一点你就回去了，腕子一甩你就出去了。劲听得准，发得寸，打的是寸弹的劲。王子英先生的杆子就进不去。

抖大杆也是太极拳的一种训练方法，但是现在练这个的很少了。新中国成立后，大家都上班了，谁带俩大杆子上公园啊？家里也没地儿搁。不过，你要真推手推好了，真懂了推手，听劲和协调都弄好了，大杆子拿过来就能使。

太极拳黏刀、黏剑，跟推手的道理一样，都是粘连黏随，不丢不顶，随人所动。推手是基础，推手弄明白了，刀剑枪杆的用法慢慢也就弄明白了。刘晚苍老师那时候就让我们多练多悟，把它练“通”了。

什么叫练“通”了呢？就是这趟拳里头，这个动作那个动作都是干什么你都明白了，不是老师教给你的，是你练出来的，不是老师给你教“通”了，你自己要多练，今天明白一点儿，明天明白一点儿，练着练着就弄明白了。比如揽雀尾，今天明白是这个意思，明天又明白另一个意思，越练越明白，最后就“通”了。

太极拳讲究“听劲”，都不是脱开了硬打强要，脱开了也得在“粘”上找东西，这里有很深奥的技巧，不是笨力气，也不是一般所说的“方法”。

太极拳也有抖杆，抖杆的目的是你上下周身协调，不是用多大劲往前捅。抖杆练精了，练到最后也是练头上那一点寸弹劲。你真正松开了，抖出去了，打出那个寸弹劲来了，那杆子是突突颤的。你用劲捅的那个，那杆子不动，你速度再快它也不动，它非得用脚底下的劲通过胯、腰反应到手上，“叭”一抖，那个“咄”劲，那杆子直颤，功夫好，杆子头能颤好久。

练的时候，要把腰松下来，从脚底下通过松一直传递到手上，就是拦、拿、扎那点劲，等于把杆子扔出去，你抓着这个头，那杆子不得抖吗？所以抖杆练的是协调劲，推手也是一样。杆子怎么也得七尺往上，也有一丈的，过去讲一丈八的大枪，其实是一丈零八寸，抖杆七八尺就行。不抖这个也行，只要你有好伴操手练，发个短促劲都行。抖大杆子就是辅助，一个人没人推手，盘完了架子，拿它找找协调劲。

但是，练这个得有地方，存放也得有地方。现在都住楼房，你上哪儿抖去呀？也没地方放呀。过去房子高，吴彬芝老师的杆子在我家放着，墙上揳一个钉子，挂上去下面离地还有二三尺。现在这房子根本戳不起来。吴彬芝先生是我的师父刘晚苍先生的好朋友。他故去后，这杆子就给我了，现在在一个学生手里。这杆子几十年了，很柔和。杆子是在青岛往东有个地方出产的，那地方专门出白蜡杆，主要做农村用的三股叉，在那儿弄的。后来有个学生又弄了几根，给我两根小的。那儿的杆子是好，比北京出的好。

抖杆就是练寸弹劲，摔（杆）也是个活劲，不是往下摔往下砸，摔完了还有一个“等”，等这个劲。推手也用这个摔劲。一摔一等，练那个寸劲。剑也是一样，你松开了，剑点出去剑尖也是颤的。瞎抡不行，没功夫。你看那剑点出去，一抖，剑尖突突直颤，那才是有功力的。

20世纪70年代，吴彬芝先生拳照

沪上较技

武术界比较麻烦，很多事情牵扯到前辈人物。为尊者讳，咱们最好不写。

1927 年，吴鉴泉先生去上海是武术界的一件大事，至少是吴式太极拳的一个大事件。

谁邀请的呢？这方面说法很多，据我所知，是一位银行行长，什么银行我不记得了，他们北京的分行在西交民巷。这个分行和王茂斋先生的商铺有账务资金上的往来，相互关系很好。银行柜上的员工整天伏案工作，打算盘记账，身体普遍偏弱。分行的负责人每看王茂斋先生精神矍铄，知道他练太极拳，就请老先生教大家练拳。教了几个月之后，大家身体普遍好转。

此时，刚好上海总行的老板来北京办事，就住在分行。他发现这个分行的伙计、先生精神面貌与其他地方大不一样，就向分行的负责人询问原因。这位分行负责人告诉老板说，我们都在练太极拳。那么什么是太极拳？分行负责人答，就是修养身心的一种拳术，我们找了一位很有名的老师，也是个买卖人，咱们的客户。这位老板很感兴趣，就托分行负责人约请王茂斋先生见面，两人相谈甚欢。

不久后，这位老板回到上海。可能他们商量了一下，也想请这么一位老师，就想请王茂斋先生去上海。茂斋先生在北京有买卖，走不开。但后来对方邀请甚急，茂斋先生就举荐说，我有一个师弟，比我的功夫好多了，你可以邀请他去。这样，就请了吴鉴泉先生。

吴鉴泉先生南下教拳，现在社会上有的说是1928年，实际上这事发生在1927年。

吴鉴泉先生走的时候，王茂斋、兴三爷等几个特别近乎的盟兄弟聚在一块，大家叙话告别。吴式拳门人都性格平和，不惹事。吴鉴泉先生对上海之行有所顾虑，毕竟那时候上海滩十里洋场，鱼龙混杂。众人宽慰说，上海虽然是个码头，人多手杂，但是咱们去了就凭本事吃饭，犯不着今天求这个，明天拜那个。咱们不招惹人家，但是如果真出了事，咱们老哥几个一块去。丢多大脸咱得找回多大脸，踏踏实实去，不用顾虑。

吴鉴泉先生就这样到了上海。不久，他就接到一份请柬，对方是上海武术界的领袖人物，虽然不认识，不去也不合适。于是，带着长子吴子镇（公仪），爷儿俩前去赴约。

对方在某大酒楼摆了两桌，很气派，人也不少。练太极拳的人都神气内敛，吴鉴泉先生个头不高，性格又特别柔和，胖乎乎的。对方一看，先就轻视了几

吴公仪先生

分，感觉从北京来的这位高人也不怎么样。这样一来，对方话里就不那么尊重了。吴鉴泉先生也看出来了，但跟他们还是客客气气的。

说话间，酒菜摆上。吴鉴泉先生说，大家萍水相逢，承蒙招待，是不是还有什么别的事呢？对方说，也没有别的事，就是久仰您的大名，想和您切磋切磋。吴鉴泉先生说，既然如此，那就先切磋吧，完了再吃饭。吴先生的意思是，如果自己输了，这饭也就别吃了。

对方一抱拳，说，那就请您进招吧。吴先生说，请。两人就动上手了。对方先动手，吴鉴泉先生用折叠劲，腕子一贴，打软弹寸劲,一出手就把对方打到了饭店墙上。一连三下,对方都没占上便宜,这一下对方请的人就都站起来了。对方赶紧冲自己人一摆手说,且慢,大家坐下，你们不知道怎么回事，这是我老师到了。赶紧请吴先生坐下吃饭。

吴鉴泉先生可吃不下去了,起身告辞而去。叹道,你们这么办事,不够仗义。你输给我，你说你老师到了，要是我输给你呢？我该怎么说，我比你岁数大这么多？吴鉴泉先生要走，这些人也没拦着。

后来，对方也觉得此事不妥，不好意思，于是单独回访，前去拜望吴鉴泉先生，此后关系处得还是不错的。据说，回访的时候是带着一块匾去的，写的是“太极专家吴鉴泉”。貌似是这样，这都是听老辈人讲的，年头长了，也记不清了。其实对方功夫确实非常好，而且高寿，人品也好，不愧大家风范。他家后人，我们也见过几次面,但是没聊这些往事。他家和吴家后人都是武术界前辈,武德高尚,而且相互关系很好，尤为难得。

王子英篇

王子英先生

“活老虎”

王子英是王茂斋先生的次子，眼眉以上的额头两旁长了很厚的骨头棱子。老辈人都说，这样相貌的人，都力气大。王子英先生身高一米八以上，力大无穷。

在柜上的时候，伙计拿扁担挑灰，两个伙计挑一大筐，他两只手就能平端。但是，他跟人推手，却从来没有“力气活”。他推手的特点是“大”，但不是力气大，而是气魄大，感觉一下就被他“吃”进去了。这是一种技巧，你进他化，不顶你的劲，你使多大劲都落不到实处。

我的恩师刘晚苍先生对王子英先生推崇备至。用他的话说，王子英先生性情随和，手也柔和，但是你不能想着制他，你要这么做，那可就要吃大亏，那可是个“活老虎”，多少劲都能给你“吃”下去。

王子英先生在北方吴式太极拳中，是最早懂劲的一个，18 岁懂劲。这一方面是家传，另一方面也是人家有悟性、肯下工夫，另外家里推手的人也多，练的机会也多。那时候，“老哥仨”都在他们家研究技艺，王家教拳不收费还管饭，好手多，人多就得练[1]，教得也

① 北京话，“得着”“方便”之意。

得法。

我年轻的时候去王家，院里都是练推手的，只要看见有较劲的，王子英先生就说，这个推法用练吗？这种本能的力气，谁都有，推过来搡过去的，这个不用学，这是本能，咱们练太极就一定要克服本能。用意不用力，用太极拳的技巧，上来就撕拉扯拽，就练不出太极拳的劲来。所以王家练拳是绝对反对较劲的。他能培养出人来，和他们的教拳方法很有关系。

举例说，随便按一下谁都会，幼儿园的小孩都会，上去冲胸脯子按一下，把别的小朋友弄个屁股墩，这也叫按，但不是太极拳。在按的当中没费劲，借对方的劲，很干脆，对方出去了，推人的很舒服，被推的也很舒服，这才是太极推手。推手是切磋技艺，不是仇敌，不是斗狠。它体现了中国的一种文化、一种哲理。

从某种意义上说，一个拳字，把太极拳的“核”给弄没了，太极的内涵不是一个“拳”字能概括得了的。过去老前辈讲，太极拳是悟道的一个阶梯和桥梁，所以太极拳的功夫越高，修养就越好。这里含义就深了，你看越是技术高的人，他的修养就越高，他对内里的文化研究得就越深。我见到的这些老先生，一个个性格都特别好，绝对没有七个不服八个不忿这样的。功夫高，但都平易近人。我接触的吴式拳的第三代人，都是这样。

从吴鉴泉先生南下以后，王家为吴式拳的推广做了大量的工作。王家与吴家一南一北，互相呼应，号称“南吴北王”，不过这都是后人的尊称，人家自己可没有这么说。

从王茂斋到王子英两代人，一直到“文化大革命”时回老家为止，家里一直有人来学习。本门的人，不分谁的学生，到这学都毫无保留地传授。我的上一代人，包括我的老师刘晚苍先生都是受益者。我的老师一天“王师大爷”不知道要说多少句，佩服得不得了。

包括王培生先生，一提起王子英先生也是非常佩服。李经梧先生也是受益者，对王子英先生的技艺和为人推崇备至。

我记得在王先生那里学习的时候,他很少去主动发人,几乎没有。一般都是你送上去的手，听准了劲拿你。他要用的时候，也要把你的反作用力问出来，然后拿你这个劲，拿得很准，手推得非常干净，推完了很舒服。这就是劲合、气顺。假如强打硬要,也能把你放得很远,但非常不舒服。这就是气不顺。

气不顺的时候，挨发的人，这口气就打在你肚子里了，你这人出去一丈两丈，停下来是呼气。如果是“结合”的手，把你的劲问出来，引进落空，“叭”一点，你出去了，蹦完你站定了，你会不由自主深吸一口气。这是有很大区别的，深吸一口气，这属于养、补气；相反是伤气，双方都伤气。你呼气，他发人那个也是呼气；你站住了深吸一口气，这时候发人的那个，他也在深吸一口气，这两口气

20 世纪 50 年代初，吴式第三代、第四代传人在中山公园唐花坞前合影

是合着的。

推手是养，不是强打硬要，强打硬要就受伤。

打点不打人，推点不推人。这才是太极拳的特点，养而不伤。用力则滞，不光是劲滞，肌肉僵化，内里也受伤。

你看那些活到 90 来岁的老先生，推手技巧都非常高，和年轻人推手如老叟戏玩童一样。要是成天较劲，到 90 来岁也就推不了啦。刘晚苍老师 80 多岁和练过十年八年的二三十岁的小伙子推手跟小玩意儿似的，看不出较劲费劲，对方有劲也使不上。那个时候，跟他推手的年轻人都有一个感觉，跟人家推手用劲不行，不用劲也不行，到人家手里就不合适。

王子英先生常说一句——推手要叫人家心悦诚服。你力大手狠，人家心里不服，这不叫太极劲。所以要悟拳理。跟王子英先生推手，你只要一接手，你脚底下就站不住，没根儿，你只要一挣扎，点一暴露，人家正好拿上。他推手技巧极高，引人入胜，让人入迷。你想，要是推完手，青一块紫一块，闪腰岔气的，谁还乐意学呢？

兄弟试手

练太极总给人一种软绵绵的感觉，不到一定程度，难以体会其中的奥秘。所以，很多半窥门径的人总是希望能够有机会“试试”，就像前文说过的“铁枪林”的弟弟“二百五”。

王茂斋有个本家侄子，叫王振邦。此人身强力壮，那时候到王茂斋先生家去的人，数他力气大，块头也大。他在面粉厂干活，说他有多大力气呢，当时面粉厂用的是电磨，电磨里头要是渍住东西，得掀开磨，用刀片“咔哧咔哧”。一般需要两个人用铁棍撬起来，然后另一个人下手去清理。但是，这活他一个就能干，还不用铁棍，用手抠住那个缝，轻轻一颠，手就插进去，然后就掀起来了。

他也很喜欢练拳推手。有一天，他到王家去，老先生（王茂斋）在柜房里头，库房里就只有王子英先生。他一看是个机会，就打算在王子英身上试试。他练太极拳也有些日子了，但还是用的“功夫力”。虽然他力气大，又有功夫，但是一伸手，还是被王子英先生从屋里打到屋外头去了。摔了一跤，爬起来就不干了，直接找王茂斋，说三叔我不练了。老先生说，你练得好好的怎么不练了？他说，我跟二哥推推手，他往死里打我，看我摔得这样。老先生说，你是不是没跟人规规矩矩推？他说，我要规规矩矩我弄不了他啊，我就用了点蛮力。老先生笑了，那你吃亏就不赖人家了。

不打不相识

还有一年，王子英先生在柜上，那时候老先生不大管事了。

具体时间是秋后，那时候没暖气，有钱人家就生个火盆，火盆都用炭，同盛福也经营这个，秋天大量进货。

同盛福是一个很有信誉的商铺，在东四牌楼北有三间门脸，他们进的一般都是一等炭。那年头送煤送炭的专有一帮人，用骆驼拉。那一次，拉骆驼的给他们送的货有点出入，大概一等炭不够，比二等炭又好点的那种，属于次货。这种炭次一点，要按一等炭付款就太高。

于是，王子英先生就和拉骆驼的交涉。拉骆驼的这些人，性格都比较暴躁，说来说去，俩人就说岔了。那人隔着拦柜，照着王先生就是一拳，王先生接了一掌，一长手，就把这个人从屋里打到屋外的电车道上去了。等他爬来了，王子英先生也准备好了，那就打吧。

结果那人乐了，说这炭价钱咱好商量，我得先问问您是练什么的？我在外头跟人耍胳膊、耍混也不是一回两回了，还没碰到过这种事。您怎么弄的？一下子把我弄出这么老远。王子英先生说，你要问这个，那咱柜房聊吧，于是就把他让到屋里，沏上茶。后来俩人成了朋友。那人说，您就放心吧，以后送炭绝对给您送最好的。

这其实就是借对方的劲，然后给了一个寸弹。“拥劲”打不了那么远，必须有弹力才能打出去。这些事都是温先生见过的。

同门无忌

20 世纪 20 年代，吴图南先生从上海回到北京。吴图南跟吴鉴泉先生学的太极拳。在上海期间，吴图南就经常听说王氏父子，非常仰慕。王子英和吴图南、马岳梁年岁相当。

到北京后，吴图南到王子英先生家里串门，和王子英推手，吴图南的功夫是摔跤的底子，底下用的是活步。正面推了几下，吴图南打算一骗腿，往上，斜上步，这样不就别着腿了吗？他这一起脚，还没等他脚落地，王先生稍一发力，手一抖，吴先生人就“噔噔噔”坐到太师椅上去了。吴图南一乐，师弟，功夫不错。吴图南总是叫王子英先生师弟。这就是点到为止。

这以后，又过了一些时间，某天下午，王子英先生去中山公园遛弯儿，约好同去的还有王子英先生最要好的两个朋友，分别是李子固和温铭三。这两个人去得早，约的地点就是杨禹廷先生上午教拳的地方，“来今雨轩”头前有两个亭子连着，叫“十字亭”，很干净。

正在这时候，往北一看，吴图南来了，带着墨镜。这俩人一商量，说王子英先生和吴图南先生都是好功夫，又都好喝酒，咱俩想法把他们弄到“来今雨轩”去喝两盅，趁着酒劲再把他们弄到中山公园人少的地方去推推手。中山公园西南角有一个水榭，那个地方过去人很少，基本没人去。俩人商量着，咱就带着他俩往那儿溜达，然后撺掇他俩推推手，咱们趁着这机会也学学。

不一会儿，吴图南和王子英先生就都到了，客气了一阵，俩人就说,下午没事,咱喝点茶去。就把两位老师让到“来今雨轩”去了。进去之后，就不是喝茶了，又要酒又要菜，大家就喝上了。俩人都喝的不少，吃完了遛遛吧，就有意地把俩人带到了中山公园的那个角落。当时那个角很背，没什么人，还养了点小猴等小动物，现在都没有了。

在凉快地儿一坐，温先生、李先生就邀请两位老师推推手。两位老师盛情难却，于是一起推手。推了一阵，吴图南老师打算进手，怎么也进不了。吴图南先生毕竟是文人，也没王先生那么好的功夫，于是吴图南老师说不推了，兄弟你对我净用对付敌人的办法，不跟你推了。当然这是玩笑话，吴图南先生功力很高，但是比王先生还是差了一点。

这是后来我去温铭三先生家里去，聊天的时候聊起来的一段故事。

互敬互重

新中国成立后，有一年，北京市在东单体育场举行武术比赛，天津杨式太极拳的郝家俊先生也来了。那次是不是全国性的武术比赛，我记不清了，我记得郝先生、李经梧他们是裁判员。

比赛结束，在休息室的时候，李经梧就介绍王子英先生和郝先生认识，李经梧先生的意思也是让两个人推推手，互相切磋一下，于是两人就打了打轮，前后左右那么几次，完了握握手，两人都很客气。

过了一段日子，我在王先生家里的时候，王子英先生就对李经梧说，以后再有这种场合，不要去介绍、撮合这些事，郝先生也是全国知名的武术家，双方谁弄谁一下都不合适。人家功夫不错，走得很严实。

又转过些日子，我去天津出差，就到郝家俊先生家里去了。我先请教了几个问题，过后郝先生说，都说你们吴式拳柔和，那次在东单，我和王子英先生搭了一次手，王先生手非常严实，但是很沉，不是想象中的那样。

这也是吴式太极拳给别人的印象吧。

那时候老一辈的武术家都互相抬举，互相尊重，而不是互相贬低。你想，这两个老前辈他们手搭在一起能不“严实”吗？都听得倍儿准倍儿准的，谁也不敢轻易进手。

郝家俊先生是郝恩光的儿子，他们的形意拳都是从李存义先生传下来的。好像和孙禄堂这一门也有很深的渊源。李天骥的父亲是李玉琳，郝恩光长李玉琳一辈，两人功夫都很好，郝家俊先生的功夫得自家传，在南京国术馆向杨澄甫先生学过太极拳和推手。

2014 年 9 月，笔者在稽山书院北京分院天宫道场向马老师学习推手

断臂剑

王家有个好东西，兴三爷晚年送给王子英先生的。

兴三爷[①]跟王茂斋是很好的朋友，在北京非常有名，是满族人，名字我记不太清。

兴三爷送的这个东西原来的名字我也记不得了，就叫它“断臂剑”，也叫“单背剑”。外形跟剑一样，剑鞘剑把都一样，区别就是剑身后半截只有一面刃，有血槽，前头部分是剑尖，一半刀一半剑。这是很古的东西，折铁打造的，天蓝色。折铁的折印，一毫米一个，形如鱼鳞，真是个宝物。

这个东西还能围到腰里头，很轻巧。现在有的刀剑也能围在腰里头，但一抽出来稀里哗啦跟纸片似的，那没用，人家的家伙很有韧性，是真家伙。我掂量过，有一斤多重，一斤半左右，刀背有5毫米左右。刘晚苍老师知道这东西的来历，我们不太清楚，也就见过几次。

有一年，刘晚苍老师带着我们到王家拜年，刘老师管王子英叫

① 兴三爷名唐兴福，满人，全名唐格拉氏·兴石如，人称“兴三爷”，为董海川高足宋永祥的唯一嫡传，王子英与刘光斗都跟他学习八卦。

师大爷。说师大爷您把那个宝贝拿出来让他们开开眼吧。这么着见过两回。这家伙有多锋利呢？王先生家经常吃涮羊肉，拿它切羊肉片。

我们去王先生家拜年，他就在钱粮胡同东口住。我们一般是5点钟到，摆上香炉，把老爷子（王茂斋）的照片摆出来，我们到那儿磕头。6点钟，天不亮就收起来。那时候虽然是“文革”前，但是讲究阶级斗争，怕人家看见。可惜，“文革”开始以后，这些好东西就找不到了。

2014年12月，马老师在天宫道场与部分学员合影

平生遭际实堪伤

可是，王子英先生这么好的人，一生遭际却实在令人感伤。

1966 年“文革”开始后，武术界广受波及。等到 9 月份“第七号通令”发布当天，王子英先生怕受波及，连夜回山东老家了。但是，他不该把户口也销了。这下吃了亏，回不来了。到老家得了病，那几年正是“文革”的高峰，一切都乱套了，赤脚医生又给看反了，用错了药，就这么去世了。

他遭的罪可不少，红卫兵押着他走到济南。也不知道谁说了一句，他会武术。红卫兵说会武术啊，揍他。用大棍子打，一打棍子两截，一打两截，一连打断十来根。王子英先生一看，这样轮番打起来没头啊，好几十个红卫兵，都是不要命的小青年。那些红卫兵看你把棍子弄折了更来气，越打越来劲，几十个轮流打，甚至把棍子钉上铁钉打。王子英先生没办法，只好装疯。这才躲过一劫，要不就给打死了。后来村里来人，这才接回去。离开北京之后，回北京两次。想回北京来，可是户口已经销了，回不来了。

王子英先生能把大棍子震断，并不是练过硬气功。他用的是太极的听劲。棍子打在身上不是一个点，而是一条，他能在棍子挨身的瞬间弹起极细微的一个点，这样棍子的力量都打在了一点上，等于棍子的力量把自己“撣”断了。

王子英先生一去世，好多东西都失传了。

再也没有那么好的手了。

师门往事

刘老师身体壮，块头大，功力大，

我经常被一掌放出去，里头扎着疼好几天，

这还是没颤你，肠子肚子都乱动。

带病投师

我的太极拳授业恩师是吴式太极拳第四代传人刘晚苍，师爷是刘光斗。刘晚苍老师是山东蓬莱人，小时候家境不好，父母去世得早，跟着爷爷长大，后来到北京做事学徒。

刘晚苍先生

刘老师是“拳迷”，生性好武。他学太极拳是带艺投师。刘氏家族老辈就练拳，刘老师在拜师刘光斗先生之前，在老家就好武，学过查拳、燕青，会的不少。到北京当学徒后，白天没时间，也怕掌柜知道不乐意，每天等别人都睡着了，自己从被窝里偷偷爬出来练。

刘光斗其实是他“本家”，好像是本家叔叔，但比他岁数还小。

但是刘光斗是大学生[1]，爱好拳术，是王茂斋先生的关门弟子。刘老师就跟着刘光斗先生练，后来刘光斗先生到陕西工作，刘老师也跟着去了。

刘老师从陕西回来后就上王家学，在王家碰到李经梧，都是老乡。王子英先生说你们俩个头也差不多，岁数也差不多，你们俩就多搭档。当时，李经梧在东单住，俩人一推就顶起来了，弄得还挺不愉快，被王先生批评。用山东话说他们这叫“奔大跤”。后来，刘老师在张继之先生家比较多。

到了北京之后，刘老师主要练八卦和太极，他的八卦是跟兴三爷学的宋氏八卦掌。到了晚年以后，刘老师主要就练太极。用他的话说，太极推手走近道不走远路。岁数一大，八卦和谭腿就不怎么练了。谭腿是在陕西学的教门谭腿，很吃功夫。

我能跟刘老师学太极拳，还真是机缘巧合。人家刘老师是带艺投师，我只能算“带病投师”。

我是 1933 年 11 月出生，老家不在北京，是河北省枣强县，现在属于衡水。14 岁来北京学徒。那时候家境贫寒，半途辍学，要挣饭吃，没有办法，一个人就来了北京。刚来的时候，在绸布店学徒，后转到五金行，叫“信昌五金行”。

这个时候是 1947 年，我们五金行用的粮食都从“福兴粮店”订购，他们的伙计定期给我们送。由于都是年轻人，凑在一起就掰个腕子什么的。有一回，我们五金行的人和粮店的伙计掰腕子，我们五金行有个交往的朋友叫陈坤，他帮我们和粮店的伙计掰腕子，粮店的伙计都掰不过他。

听伙计们一说，我才知道这个陈坤可是个“练家子”，是三皇

---

① 北京朝阳大学法律系，1912 年建校，1949 年改建为中国政法大学，1950 年并入中国人民大学。

炮捶的大家。粮店的伙计说，要讲练武术，我们“北柜”（安定门总店）的刘晚苍先生那可是好手。陈坤一听，很高兴，这可是成了名的人物啊，功夫好啊，八卦太极的高手。其实陈坤比刘老师还长两岁。粮店的伙计说，刘先生白天工作，晚上等大家都休息了，自己出来练功，每天都练。

那个时候，我也不懂什么是武术，只是有这么一个印象。现在回忆起来，才觉得我和刘老师的缘分，那个时候就已经种下种子了。

1953 年的时候，五金行转成工业，变成了轴承厂，就是后来的北京轴承厂，后来并到北汽，我就在北汽一直工作到退休。

小时候老家“闹日本”，村里不能呆，一连几天在庄稼地里趴着，没吃没喝还不敢动，落下个病根。左半边脸越来越麻，没有感觉，左眼一直流眼泪，双眼视力下降，睡一觉眼睛糊一层，得用洗脸水化开。当学徒的时候不敢说，你说有病，东家就不用你了，也没钱看病。

到 1953 年，有了工会，就能看病了。有了工会之后，中西医都用过，不见效果。到了 1954 年，那时候在后门桥，有很多有名的中医，像金针王乐平、钱月华等几个大夫，我都去看过病。当时单位也搬到了鼓楼，看病很近。

那时候最严重的是左边的脸麻，没感觉。钱月华大夫给我开的药，吃了四十几服，效果不佳。后来钱大夫说，你这么小的岁数，我的药量已经下到最大了，都“打”不动，再下药怕出别的病。他建议，给你找个地儿，你学太极拳去吧，可能慢慢地对你会有帮助。我说：“什么叫太极拳啊？”他说：“我给你开一个条。”他让我找王培生先生，纸条上开的是小金丝套胡同道南路西的门，记得是这样。到那儿一问，说没有这人，没有姓王的，更没有教拳的。

我转来转去就转到了积水潭，找到一个叫“汇通武术研究社”

的地方，我就进去了。那里的老师叫高瑞周，也是很有名的一位老师。我把自己的事一说，他说你要找王培生，他不在那儿住，他那儿叫金奖大院，德胜门附近。他说，我和王培生是好朋友，你要在这儿学也行。我说钱大夫让我找王先生，他说钱大夫我也认识，你要愿意就在这儿练，都一样。我说这儿更近，就在这儿练吧。

我那时候单位在鼓楼西大街，离甘石桥不远。那时候学费一个月 5 块钱，按说也不少。因为那时候挣的也少，工资一个月先是 18 斤小米，后来涨到 44 斤小米，最高涨到 195 斤。这个时候大概是 190 分工资，也就合 30 块钱吧。

高老师说，你打算病好可别怕吃苦，我说我是乡下来的小孩不怕吃苦。他说，你就在这儿站桩，我要不说话你可不许动。那时候也不懂啥叫站桩，老师给摆好姿势，冲着墙，一直站着。交了学费，我在那儿对着墙站桩，高老师就浇花，然后就出去了，把我扔在东屋。屋里全是刀枪剑棍这些东西。

站了不一会儿就浑身哆嗦，一身白毛汗。手在前面抱着，半马步桩。那一阵儿练的，腿连门槛都迈不过去，得拉着腿过去。为了治病，也得忍着。站了 45 天，脸上有感觉了，挠的时候知道在挠它了。这个时候就练站桩、学拳。

高老师主要教的是八技拳（八极拳）、五行锥（五星捶）。我是刚学，学的是简单的太极拳。我在那里一共练了 4 个多月。之后发生了点变故，单位也搬家了，离那里就远了，就没有再去，就在家自己练。但是，到六七个月的时候，脸上的毛病基本就痊愈了。

那时候，王培生、高瑞周、张立堂他们哥们几个经常在一起。张立堂是张之洞的后人，八极拳名家，神枪李书文是张立堂的师父。张立堂家在积水潭，汇通祠后院。

我一看太极拳有效果，就坚持练。那个时候，家属还都没来。

1956年公私合营以后，老家的家属也都过来了，住在西公街，顺天府交道口那儿。虽然我收入低，很困难，但是家里闹大水，没有办法，就让我家属和我妹妹都来了。

我们住的那个院的房东，正好是刘老师世交的一个朋友。房东的二儿子叫刘尔谦，岁数跟刘老师也相仿，刘老师跟他的父亲是忘年交。刘尔谦哥三个，都是大学毕业生，老三还留过洋，回国以后担任体育方面的工作。他自己是阳泉的工程师，在阳泉退休。他的父亲是很有文化的一个人，清朝遗老，新中国成立后在文史馆工作，和我们刘老师关系很好。刘老师的文学、书法、绘画等从老爷子那里受益匪浅。到了刘尔谦这一代，和刘老师的关系仍然很好。

我那时候练的是五行锥，也学了点太极拳。五行锥主要是白玉玺师兄教的，他是高老师的一个比较好的学生，他们在一个院住，高老师主要给有基础的指点指点，我们刚学的基本都是白玉玺教。

20世纪80年代初，北海合影。赵兴昆（左二）、王春亮（左四）、刘晚苍（左五）、马骏（左七）、马长勋（前排右一）

那个太极拳是高老师自己简化的四十势，基本是杨式的路子。四趟五行锥都学了，但谈不上精，练那个很吃力。

学了这点东西，就在院里自己练。刘尔谦那时候退休了，他也非常喜好太极拳。退休之后，天天练太极拳，哪儿都去。就得了个“太极专家”的雅号。实际他只为养生，一个文人，也是因病练拳。

街坊互相聊天，他看我那么好练，下了班每天晚上都练，就说你有老师吗？我说之前每月花 5 块钱学了这些，后来自己练。他说这东西你不能自己在家练，瞎练弄不好把身体练坏了，真学这个得认老师，要有高人指点。我说我不认识，他说我给你介绍一个吧。他就给我介绍了刘晚苍老师。

登堂入室

我跟刘晚苍老师学拳是 1956 年，在地坛公园跟刘老师学，后来在公园又碰上赵德奎，岁数差不多，他比我小几岁，也在刘老师那里练。

除了学吴式拳，刘老师也教谭腿、八卦，我也学了谭腿，我那时候眼睛不好，八卦转不了，一转就吐。后来刘老师说，你就练太极拳吧，别转了。我是近视眼，戴着眼镜。眼睛也是“闹日本”那时候毁的，趴在高粱地里，没吃没喝，心里又害怕。红眼发转成白眼发。新中国成立以后，眼睛好一点，但近视了。那个时候也不知道什么是近视，掌柜的说你看几点了，我得跑到表跟前，眯着眼看。这毛病在家上小学的时候就发现了，慢慢就看不真切了。座位不断往前换，一直换到第一排。1953 年以后转到工业，近视眼就不灵了，要看千分尺、卡尺之类的，看不真切不行啊，这才配的眼镜，一直到现在还戴着。

在地坛公园，有老先生指点：你要真往深入练，你得拜师，这么练学不到深的东西。我跟街坊刘尔谦先生一提，他说这是个好事，行，我给你办吧。他就当了我的介绍人，他写的帖，换帖是老规矩，但是没有请客，给老师稍微有点表示，买些点心。

那时候是1960年，正是困难时期，拜师的事大家也都不敢声张。当时赵德奉医学大学还没有毕业，跟着父母从张家口来到北京，有一段时间没有工作，后来我们在地坛练拳认识的。提出拜师以后，我就跟他提这事，我们两家就拿出一点肉票给刘老师买了几斤牛肉，仅此而已。这就算觐见之礼了，真是非常简单。在刘老师家里举行了一个简单的仪式，没有磕头，改成鞠躬。刘老师说新社会，按新规矩来，就鞠躬吧。这就算正式拜师了。过了几年，赵兴昆拜师的时候，也是刘尔谦先生写的帖，他好像是买了点心。点心皮花花绿绿的，我还特意从家里找了包袱皮，也许是个破棉袄，把点心包着，像个包袱一样给刘老师送去。后来是王举兴，具体什么时间拜的师，我就不记得了。

那时候也不兴请多少客，顶多来个茶话会，我们也没做。后来刘老师就让张继之先生带着我们走走，认认同门中人。拜访杨禹廷先生那儿也是张先生带去的。张先生说，师哥，老三收学生了，给你带个徒孙。就这么介绍一下。见了面之后，慢慢就开始串门。

我比赵德奉大，我们同时拜师。先收的我们俩，后来收的赵兴昆、王举兴。后来赵兴昆对我说他年龄最大，咱俩换换，我算大师兄；我说换换就换换吧。刘老师知道后批评我："这怎么能换呢，早半天也算师兄，不论岁数，我可没让你换！"王举兴也比我岁数大，没征求我的意见，他也跟着换了，就称"师兄"了。

后来有一阵，刘老师次子在勘探队有了小孩，他在甘肃工作，师娘去伺候月子，刘老师家里还有孙子、孙女，就出不去了。有这个机会，我就天天到刘老师家里去，学了一年多。他家有一个小后院，虽然不大，但是推手没有问题。刘老师家两间北屋，东西有两间房的宽，南北比较长。那段时间我每天都去，功夫长进不少。

能在刘老师家学拳，是我的福气。因为我有这个条件，走路不到 10 分钟就到了，在刘老师家小后院那里推一个多钟头。刘老师善于发劲，发得很脆，通常我们就感觉很累，从他家出来，满身是汗，单衣服经常浑身湿透。那时候是真摔呀，也就是仗着年轻，承受得住。

刘老师和他二哥在一个院住，我们管他叫二大爷。那时候我们一去，他就沏上茶，打一盆热水，放一条毛巾，搬个小马扎在门口看。刘老师连教带推带练，二爷上来就说，老三老三，你得可劲摔，不摔练不出来，非得打出来不行。我心说，这就够瞧的了，您还说这个。刘老师是打手就发，一发就出去。

三年自然灾害时期，刘老师眼瞅着越来越瘦，肚子越来越小。我说，现在这么困难，咱先别练了吧。刘老师说，那不行，咱不怕饿。老师都这样，我们能不练吗？

1958 年"大跃进"，我们那时候还没有拜师。那几年白天没时间，礼拜天也不休息。刘老师说你们几点下班，我说我们有时候一干干到夜里 11 点，刘老师说我在地坛等你。所以下了班赶紧就往地坛跑，

刘晚苍先生拳照

那时候也没这么多灯，公园乌黑一片。

有一回下着小雨，下班都 11 点多了，我寻思还去不去呢？要去也太晚了，要不去万一刘老师在那里等着呢？等我赶到地坛一看，刘老师带了个麻袋，带一块布，在地坛北墙下面盘着腿，等着我们呢。看我们来了，就说，来了？练！一推一个小时，到快 1 点了，老师说回家睡觉去，然后我们一起走着回家。

就这样，一直坚持下来了。

我们经常一起去的有赵德奉、赵德库等。刘老师原来特别胖，三年自然灾害时期，脸都嘬腮了。老师那么大的岁数，现在想起来，又是感动又是怀念。

相得益彰

刘老师特别强调规则，他说，这就像打乒乓球，按规则练，慢慢就成了条件反射。只要有人一撕巴，刘老师就说你们别练了，这样练越练手越“聋”。

在地坛的时候，刘老师和谁都推，跟我也推。也有“大力神”的那种，大家都不爱跟这种人推，不提名字了。刘老师就批评他，你看你使那么大力气，人家都不跟你玩，你怎么长功夫啊？你看人家马长勋，有十个二十个，都跟他玩，他就长功夫。你弄得人家很难受，没人跟你推，你长什么功夫啊！

那时候，张继之先生经常到我们那儿去，温铭三师叔也常去。温先生说一些小劲，年龄大的都喜欢。

温铭三先生，是修丕勋的学生，修丕勋是王茂斋先生老家的一个学生，在外面也做过事，但主要时间是在老家，他是山东掖县（今莱州）人，村子叫大武官村，和李经梧一个县。温师叔家在南池子，那个胡同叫藏书苑，出了胡同和杨禹廷先生正对门，他们家我也没少去。我前头说的那些旧事，主要是温铭三师叔讲给我听的，还有一些是刘老师讲的。

温先生跟王茂斋家有亲戚，他管王子英先生叫二叔，他很爱好太极拳，但身体不怎么壮，比较弱。温师叔是个文人，一直当会计，过去叫柜房先生。温师叔从小身体弱，虽然也练拳，功力不是很大，但我们老师刘晚苍先生对他评价很高："手虽然弱，但非常细致，劲走得细腻。"他搞的是非常细腻的东西，你要找个小伙子跟他掰扯力气，他不行，功夫力不够。

温师叔的最大特点是他能把王子英先生的劲说出来，能把其中的道理都跟你讲出来，这是很难得的。咱们武术界有的人功夫很好，但说不出来，有的人是很健谈，但身上没有功夫。温先生刚好比较全面，因为体格的关系，功夫没有那么大，但他把那个理能做出来。我们那时候到他那儿能学好多东西。我在刘老师那里也练拳，也和老师推手，老被发出去，但是常常摸不着头绪。到温先生那儿，跟他一讲，他能把道理给你讲出来，还能把劲路给我们做出来。这使我们那一代人都受益匪浅。

我跟王子英先生学拳时，经常到温师叔家去，他也能把王子英先生的劲说得很清楚，能帮助领会。他讲得非常详细，比如一个手法，怎么牵动的，怎么拿住你的，怎么发劲的，都能讲出来。这些东西，如果你身上没有，绝对讲不出来。有的人功夫很好，搭手就出去了，问你明白了吗？不明白再来……经常打了半天还是不明白。

刘老师和温师叔的方法配合起来，对我们理解太极拳帮助很大。

我学拳那个时候，每个人教拳的方法都不一样。刘老师教拳，他是把架子教给你，你自己悟。那个时候问老师，他最常说的就是："给你说也不懂。你就去练，到时候你就懂了。"这是刘老师的原话。当时很难接受，现在回想起来对不对？非常对！练着练着就明白了。哦，这肘底捶可能是这么用，倒撵猴可能是这么用，再练练，觉得可能换个方法用更好，慢慢找这个东西，慢慢就练通了，什么擒拿、散打这些劲就都明白了。

包括拆手，你要问，刘老师就给你拆个一手两手，再多了就不讲了，让你自己练。刘老师说："我给你说的，永远是我的东西，你自己悟的，自己练出来的，才真正是你身上的东西。"

用他的话讲，我这一招给你拆了四手，你以这个为标准，以后就追求这四手了，更多的更好的内涵就体会不出来了，讲多了就成了"紧箍咒"。艺无止境，你只有练通了，从内里生出来的东西，才是你自己的。后来，老师也没有拆开手讲，拆开就是打。比如你要问揽雀尾这个掤劲，"好，伸手！"这一伸手，当！就被打出去了，"明白了吗？不明白再伸手。"

刘老师这个教法，加上温师叔的解释，我们接受理解起来，就容易多了，也快多了。

刘晚苍先生拳照

“快手刘”

刘老师推手的特点是功力大，招法强，但像王子英先生那样细腻的手法走得少，这可能跟人的性格有关系。刘老师身体壮，块头大，人称“快手刘”。他的功力大，你要打算在他身上用力，想制他，那你就要吃苦头了。

刘老师一米八的大个，但是他要化劲的时候，你根本摸不着他；他要发你，一发就是三四丈，而且手法变化多端。我经历过的人不少，但没见过功夫这么“瓷实”的，身上就像大明柱似的。刘老师功夫大，除了他本力大之外，人家下的工夫也大。小的时候当学徒，晚上半夜偷偷起来练；到了晚年，白天在地坛跟大家推手，没时间练拳，晚上回到家还要“补课”，这种事我都碰到过好几次。像我认识的三代人，王子英、杨禹廷、张继之，这些老先生们都说，你们刘老师功夫大，招法多，好好跟他学。

刘老师不仅仅是功夫大，推手也很细腻。但他功夫力实在太大，大家往往忽视了他功夫细腻的一面。一般情况下，他跟年轻人推手，体格弱的根本顶不住。年轻人一搭手，起码扔出去三丈。手手如此，一般人顶不住。他是好意，这是他的教学方法。他说不这样你练不出来。可是身体弱的，可真顶不住，自己蹦出去都受不了。

他功力大，本力也大。年轻的时候，扛一包大米，再夹着一包。这力气有多大？一米八几的个，不用太极拳你也受不了啊。

我经常被一掌放出去，里头扎着疼好几天。这还是没颤你，肠子肚子都乱动。但这是对年轻人的办法，如果是上了岁数的人，他手上很有分寸。

刘老师有个特点，一是推手不让招，二是如果你要有心制他，可是要倒霉。

刘老师有个很要好的朋友，山东老乡，叫田兴作，我到刘老师家串门经常能碰到他。他也喜欢太极、喜欢推手，也练八卦掌。田老师本门练的是铁砂掌，那是真传。他不像很多练铁砂掌的，皮糙肉厚，他那手伸出来跟女人手一样，细皮嫩肉的。刘老师让他给我们做过一个表演，就在地坛，拿一块带釉子的琉璃砖，多瓷实啊，田老师一掌劈两半。

当年在交道口二条，出了一个杀人犯，拒捕，拿把菜刀在北屋门口里头一站，谁来劈谁，眼睛都红了。派出所也不能拿枪给人伤了，就找了田老师。田老师去了，手里拿了一个东西，从侧面往里一扔，那人一愣神的工夫，他就进去了，一掌斜着打在那人大动脉上，当时那人摔倒在地，翻白眼吐白沫了。

可是要说功力，刘老师的功力比他还大，但是刘老师手底下没伤过人。刘老师也教过这些东西，但是不许用，当然赶上“有事”的时候那是没办法。另外，推手的时候，不小心把刘老师自然反应弄出来的也有。

当年跟刘老师同在地坛练拳的，有一个叫刘国志（音）的，杨式拳练得很不错。刘国志开电器行，刘老师住交道口，刘国志住国子监口路东。从地坛回来，刘国志说柜上坐会吧，喝口水。俩人就进去喝水，不知怎么说要推手，刘老师是不让手的，不管什么样的朋友。刘国志打算在刘三爷身上用用，一用被刘老师给放出去了，鼻子磕破了，弄得挺不合适。

其实，刘老师是一个很和气的老头，你要不制他，他绝不会制你。那是自然反应，他也不是有意识的。

刘老师去地坛，经常拎着一个帆布兜，不带板凳，自己找砖头码一个垛子。帆布兜又当书包又当坐垫，往那儿一搁，坐着和大家聊天。

那时候，北京钢厂有一个装卸工，是练形意和八卦掌的，跟他姨父学的，觉得自己练得不错了。有一天，刘老师来到地坛南门外，刚一撂下布兜，这人就照刘老师腰上扑去了，“这下你还能走吗？”

这当然也是试探了，可是刘老师不知道啊，一下子就把自然反应给激起来了。刘老师一转腰，用肘一抽，这人跟贴饼子似的，贴坛墙上了。刘老师问你要干什么？他说听说您功力好……刘老师说：“嗨，哪有你这么闹着玩的？”

这人晚上就到刘老师家里去拜师。刘老师说，咱一块玩玩行，收徒就不收了，现在也不兴拜师这种事了。

那是80年代的事情，这事我们几个徒弟也知道。我们也和这人推手玩过，他劲太大，他如果使足了劲，你一放松他就趴下了。因为他用力过猛，一空他，他自己失重。有一回我们推手，他姨父正好看见，把他好一通说。可能脸上挂不住，后来就不在地坛练拳了。

刘老师功力大，脾气硬，由来已久。

新中国成立前，安定门大街有脚行，脚行就是排子车，帮人运输，也是“垄断行业”，比较霸道，都得归他们运。你不让他运，你自己运也得给他钱，这叫“过肩费”。

刘老师开的是粮行，大车来了，找他们（脚行的）没人，都到别处忙去了。大车不能押着人，得给脚钱。既然脚行的人不在，刘老师就自己卸货。卸完了，脚行来人要钱来了。刘老师说给你钱也行，我是扛一包夹一包卸的，你再夹一包扛一包给我装上，我就给你钱。脚行一看，一包粮食二百斤，一个人还搬不动，这人不好惹，嘟嘟囔囔就走了。

别说脚行，日据时期，日本人的势力谁不怕？他就不怕。从陕西回来后，他就在柜上卖粮食。当时，有些人仗着日本人的势力，歪打鼻梁，到处耍横。但是在刘老师这里，不吃这一套。

当年，有“北支”（日据时期叫北支兵工厂，即后来的兴平机械厂）的一帮人，到柜上拿“洋面”（白面），拿了就走，不给钱。刘老师说，还没给钱呢？这帮人说，你打听打听，我们拿东西什么时候给过钱。刘老师说，甭打听，到这儿，不管你是谁，不给钱东西不能拿走。刘老师抄起铁勺，卖粮食的那种，站在门口，铁塔一样。那帮人气势一下就弱了，说我们走，你等着啊！说归说，后来也没敢找来。

刘老师脾气硬，二爷（刘老师的二哥）说你这样咱们以后会麻烦，就不让他在柜上了，让他“跑外”。把粮食定好，然后把粮食接过来，这就没事了。没事了他也不回柜上，上天坛练功去。

初识太极纯功

刘老师非常“吃功夫”。他说，只要“王师大爷”发我一回，我就赶紧把这个劲“得着”。这个“王师大爷”指的就是王子英先生。

和刘老师接触多了，发现他每天“王师大爷”不知道要说多少遍。整天听他讲这位“王师大爷”功夫怎么好，自己怎么跟他学习。听多了就忍不住问，您说的这位“师大爷”是谁呀？刘老师就说是王茂斋的二公子王子英，也叫王杰。说是“师大爷”，其实，王子英先生岁数比刘老师就大两岁，刘老师是 1906 年生人，王子英先生是 1904 年。

因为刘老师给我们灌输的印象太深了，所以每到过年，我们就缠着刘老师到王先生家拜年。刘老师总说不行，过几年再说。但是他老也不带我们去，问王先生住哪儿也不告诉我们，说你们这功夫差远了，过几年再说吧。这儿的东西你们还没学好，他的东西你们就更不懂了。这么说多少次都不行，后来我就不说了。

有一年，哪一年我记不清了，就记得是个礼拜天，我们在公园练拳，练着练着下起了小雨，我们就到地坛南门那儿避雨。到了南门洞那儿雨下得紧了，正好有一个人也在那儿避雨。我一看也是自己的老师鲍全福先生，之前我跟鲍老师学的杨式太极拳。他说你今天来得正好，你知道谁进去了吗？我说谁呀？“王子英！还有董焕堂。”这俩人是非常要好的师兄弟。他说，他们进去找赵晓华[①]，这不下雨吗？他一会准出来。等他出来我给你介绍介绍，你也见识一下人家身上那劲。我说，能有机会见见，那真是太好了。

工夫不大，雨要停了，这三个人出来了。这时，鲍老师就一手揪着我的手，另一只手拉着王子英，说我给你介绍介绍，这是个太极拳迷，你们老三的学生，待会你跟他说点劲，让他知道知道太极拳的味儿。王先生问我，在这练几年了？我说有三四年了。那时候大概有四年多了。聊了会儿天，王先生说，你跟他（刘晚苍老师）练挺好的，他功夫不错。知道的也多，会的也多，既然喜欢就好好跟他学。

聊天的工夫雨就停了。鲍老师说，雨停了，咱们走走，到外面去吧，让人家小孩听听劲。就这样，我就有机会跟王先生打打轮。王先生问，你们老师都教你什么手法啊？我就用这些手法去问劲，感觉就不一样。王先生比我们老师走得小、细致，推完特别舒服。不像刘老师发的时候那样心惊胆战。王子英先生走的时候嘱咐我：“别想别的啊，你就踏踏实实跟刘老师练，他功夫挺好。”我就问，您经常上哪儿？他说我不出来。就这么走了。

之后，鲍老师问我，怎么样，这劲？和你们刘老师的不一样吧？我说是不一样，王先生打完特别舒服，身上感觉特别轻松。鲍老师说，对了，王先生的劲打得“和”，刘老师的劲打得“急”，这和他们俩的性格有关系，王先生这才是纯正的太极拳的劲。这么说了一会，我们就都回家了。

① 吴鉴泉弟子，协和医院的大夫，刚退休。

暗度陈仓

从地坛公园回来，我就琢磨这事，想跟王先生多学学，刘老师既然不带自己去，就想自己去打听王先生的住处。

我听说董焕堂新中国成立前是松竹园的经理，我就奔松竹园去了。松竹园是个澡堂子，也在东四牌楼北边路东。我吃过饭就去了，人家问我来洗澡吗？我说不洗澡，我来打听个人，叫董焕堂。他说那都是新中国成立前的事了，早退休了，现在换了好几个经理了。这个白胡子老头好打拳是吧？具体在哪儿我也不知道，我们就知道住在什锦花园。

从此，我就到处找这个什锦花园。什锦花园是个大胡同，当年吴佩孚在那儿住，跟钱粮胡同挨着。找到后，我骑车去了。我从东头问，问一家不知道，再问一家还不知道。后来问街道，街道的人说我们这个胡同没这个人。这就到了晚上 9 点来钟了，我就从西口回家了。

可是，我还是不死心。第二天下了班吃完饭，我骑个破自行车又去了。这次，从西头挨家问，一直问到东头，到了晚上快 10 点了，还是没有。我觉得奇怪，出了东口我就站在那儿发愣。

这时候，来了一个老太太，推着一个小木头车。我说大妈我打听个人，以前松竹园掌柜的，好打太极拳的一个白胡子老头。老太太说，嗨，不就这门住嘛！手一指，我一看，他家确实不在什锦花园，什锦花园是个东西胡同，这是个南北胡同，他家在这个南北胡同所在的什锦花园东口。我这么着就进去了。

一进门，发现房子挺好的，老四合院，院里有条走廊，走廊过去是北屋。我一看，老先生正自己一个人喝酒呢。

我一拉门就进去了，老头一愣，一看认识："你怎么找这儿来了？"我说我打听来的。老头说这都什么点儿了，你怎么打听到这儿来了？坐下吧。这么着就坐下聊天，我就说那天见了王师爷以后，觉得人家手上那劲真好，我想跟老爷子好好学学，您能告诉我他在哪儿住吗？他说这可不行，我们有君子协定，不能再往家里带人了。我说我绝对保密，他说绝对保密也不行。我就在那儿磨，磨来磨去都快11点了，老头说咱俩推推玩玩吧。

董老先生推手不行，他没悟开那个劲，还是用的力气。但是为

刘晚苍老师在北海公园

了让老爷子高兴，他怎么拿，我怎么蹦。老爷子高兴了，说你会练啊，不较劲。我说，您还是跟我说说吧，王师爷在哪儿住？

老爷子说，你这个人可真能磨啊，我告诉你吧，你可千万不能说是我说的。我说，行啊行啊。老爷子说，你们王师爷就在钱粮胡同东口，挨着一个诊疗所，在诊疗所西边，有一个能赶进大车的大黑门，那是他的库房，门上写的有“同盛福砖瓦铺仓库”，他就在那里住。我说谢谢您，然后就走了。

软磨硬泡

第二天，下了班，开完会，吃完饭，不到 8 点，我就骑车直奔王家。钱粮胡同是个大胡同，很有名，到了就找到王子英先生家门了。

我把车扔外头锁上，上去敲门。出来开门的正好是王子英先生。他刚开条门缝，我就把腿插进去了，打定主意，推我都不走了。

王先生看见我一愣，说你怎么找这儿来了，进来吧。我赶紧就进去了，关上门跟着老先生去北屋。

老先生问，谁跟你说的上这儿呀？我说没人跟我说，我到处打听，打听好几天才打听过来的。老先生说，你可真够可以的，我那天不是跟你说，你不用满世界跑，就跟着你们刘老师学就行。他功夫挺好，他那功夫年轻时候也是跟这儿学的。

我说自从那天跟您推过手之后，我这心里就跟抓挠似的，您得跟我说说。

王先生说，今天我可没时间，待会我得开会。我说您去开会，我跟我师奶奶聊会儿天。

这么着老先生出门了，我就陪老太太聊天。我说这家里头有人来吗？老太太说，哎哟，天天来人，这个来那个走的。她这么说，我心里就有底了，原来天天都有人来学。我说都几点来呀？老太太说他们都7点钟来，9点就散。老是那几个人，新人不添了，你师爷岁数大了。这么聊了一会，看看表，也快9点了，走不走呢？走又不死心，就死皮赖脸在这儿耗着。又过了一会，老先生回来了，说你还没走呢？我说我等着您呢。

老先生说你可真能磨。我赶紧把师爷让到屋里头，倒碗水聊天，求师爷给说一下。说了一会儿，我怕耽误老先生休息，就说我该走了，以后少不了要打扰您。老先生没说话，我又向师奶奶道别。

师爷送我出门，在门口说话了："看你对这个挺迷的，这样吧，他们有几个人来，你跟他们一块吧。"哪天哪天来，一个礼拜几次，都告诉我了。说有时间你就来吧。我心里这个高兴啊，说那少不了要给您添麻烦了。就这样，我就去了王家。

这个事我一直没敢跟刘老师说，一直到旧历年，该拜年了，我对老师说，今年拜年您带我去吧。刘老师说，不行不行，不能给人家添麻烦，等以后再说吧，干吗非要去呀？这儿就够你学的了。我

刘晚苍先生拳照

说确实是够我学的了，不过我已经去过了。

刘老师大吃一惊："你去了？你怎么去的呀？去多少日子了？"我就把去王家的经过说了一遍。刘老师说，好啊你呀！为什么我不带你去呢？我年轻的时候就在人家那里学，麻烦了人家那么多年，我教的学生再去麻烦人家，这说不过去呀。你自己去了，挺好，那我就不管了。这是你的事，不是我的事了。行，行，那就一块拜年去吧。

后来才明白，刘老师为什么不带我们呢？因为他年轻的时候老上王先生家里去，王师爷岁数也大了，自己教的徒弟再去，不合适。

到了王家，刘老师又给我托付托付，对王先生说，我教的学生也来打扰您，真是太麻烦您了。王先生说，年轻人喜欢这个，那就来学学，没事。就这么着，我就跟王家挂上钩了。从此在王家学了好多好东西。

这个事是在"文革"以前，大概是三年困难时期，当时王子英先生大概快 60 了。他是 1904 年生人，当时应该是 1960 年左右。

王家学艺

在王家学艺那些日子，真的让人怀念。

我记得那时候，春秋冬三季去的时候多，夏天去的时候少，甚至就不去了，人家也是一大家子人，大男小女的不方便。什么时候该去，什么时候不该去，都是温师叔组织。到天热了，温师叔就对大家说，天热了，不方便，人家过些日子再去吧。等到秋天天凉了，我们就找温师叔，能去了吗？温师叔看差不多了，就说，好，去吧。平时一个礼拜去两三天，到冬天差不多每天都去或者隔天一次。

我到王家一去，就看出来了，这个东西，得会学。

我去得最早，王先生是先打坐。因为我去得早，没事给人家扫扫地，烧壶水，添添煤，给大家沏壶茶。这个时候，王先生就开始练功了。他家有一个大太师椅，两眼一闭，开始做功，谁来也不说话。从 7 点到 8 点，一个小时。然后搓搓手，揉揉眼，收了功，之后给大家说一个小时。

有几个学生，王先生说手的时候，他们净变手，抖机灵。我一看，这是不会学啊。比如老师教你 1+1=2，再 +1=3，老师还没说完，你说，再加一个 1 呢？这就等于不会学。你配合的劲老变，人家怎么给你说呀。还有的跟先生拧持，叽里咕噜的，这都是不会学。

但是我辈分低，人家说，咱也插不上手，人家说的时候，我就在旁边记。我记得那时候经常去王家的有李经梧、刘晚苍、孙枫秋、温铭三、戴玉三、金玉章、李广悌、刘馨斋、李树峻父子、孙伯彦父子、孙伯彦的徒弟崇希恩、董焕堂老先生、冯世英、李秉慈、形意拳的艾玉山、陈式太极的田秀臣、还有一个杜老，记不清名字了……多的时候十几个人，少的时候七八个人，回忆一下，能记得的，大概就这些了。这些高手济济一堂，也是一段武林佳话。

有一次，我和崇希恩推手，他比我岁数大，但比我学得晚。他用了一个按劲，我就化，化来化去，我一空，把他空过来了。王先生就说他，你这个劲太贪功了，人家一放松一甩你就过去了，这是自己找的苦子。你应当这么着……王先生就拿我比划，这才是我第二次和王先生搭上手。

我给王先生的劲，比他们会给，恰到好处。一个劲过了，还有什么变化呢，然后再给，非常顺手。有了这么一次，王先生以后再说劲的时候，就说长勋你过来。拿我给大家讲。这下我就得学了，机会就多了。

自己的劲给得好，才能了解他的劲路、方向、速度、时间。完了我赶紧拿本记下来。

那时候，我业余时间都搁太极拳上了，没有第二个爱好。学太极拳必须有伴儿，后来我和师弟赵德奉商量。他说你有时间去逛，逛回来咱俩再消化。他在丰台上班，下了班到北京站骑自行车，先到我家，我在交道口，他在安定门外。到一起就拿出这个小本来研究。一起研究这些手法，反复操手。

这么练了好多年。要把劲问准，不容易，不能强打硬要。找到一个劲大家都很高兴，可是往往第二天又没了。这东西不是你会这个操手就行了，身上在不断变化，没有定型。身体的协调跟不上，往往胳膊劲就上来了。胳膊劲上来就不是那个东西。那个时候听劲、拿劲都不太准，还是在胳膊上做，还没有悟到“太极推手不用手”的道理。看老先生们打得那么脆，就只能观察一个外形，回来一比划不是那个劲。老先生们的讲法，也没太注意，等到慢慢功夫上身，才知道这不是手上的劲，都是脚底下反上来的。

这些都是慢慢回忆老先生们的讲法悟出来的，后来也教了人，慢慢这么一点点过来的。反复练，慢慢把这个理悟出来了。

到刘老师家里，刘老师也问，你师爷给你说什么手了？在刘老师身上试试，到温先生家也一样，就这么综合地，又练又学又问又看拳论，又在老师身体上找体会，就这么练出点意思，谈不到精，还得努力，活到老学到老吧。我今年 80 岁[①]，还得研究拳论，艺无止境啊。

1976 年左右，北京体育馆外，接待日本代表团休息时刘晚苍老师（左）与马长勋表演推手——日本代表团摄

① 此处指 2013 年。

专攻推手

有一阵子，刘老师想让我们抖他那个大杆子。大杆子一般都是一丈来长，大头两到三指粗。他的那个杆子“丈四”，不是一丈四尺，是指杆子的“悍度”，握起来一把叫一丈，多出（涨出）一根手指叫一丈一，他的大杆子“丈四”。四指粗。大杆子搁的年头多了，有点弯，他打算用水闷完了直直，劲太大，不小心折了。

我到他家串门的时候，他告诉我，你看，我给你们预备的家伙还折了。我一看吓一跳，心说得亏折了，要不折这谁抖得动啊。刘老师要求严，要练起来，这可有罪受了。

后来，吴彬芝老师拿来一对大杆子，“丈二”的，这就正常了。刘老师那个杆子没地儿买去，太“悍”。刘老师还有一把定做的八卦刀，折铁打造的，样子也好。“文革”的时候交到派出所了，落实政策之后就找不到了，后来就不知道落到谁手里了。刘老师对这个事一直很遗憾。这把刀和王子英家的“断臂剑”，留到现在都是文物。

刘老师那根大杆子折了之后，他改成了一对“拦马撅”。这是一种奇门兵器，样子就是两根木棍头上削尖，他会的家伙很多。因为他经的人多，工夫下的也多，身体也好。断门枪、春秋刀都很好，我也都学了，但刘老师不让我练这些东西了。刘老师说你这个推手有点希望了，用山东话说就是“睁眼”了，你就专门攻这一个吧。别学这些乱七八糟的，没用。你一门心思弄推手，可能能弄出点名堂来。后来我就专门追这一个了。

我盘的架子是吴式，杨式也盘，体会里头的劲有什么不同。吴彬芝老师和我们刘老师也是很好的朋友，我跟吴先生学的是杨式拳，跟鲍全福老师学的也是杨式拳，后来就专门攻吴式了。

杨式拳就是“大”，发力的方法好，掤捋挤按采挒肘靠八法，层次很清楚，吴式拳不是，都是蓄劲，都含着，碰哪儿哪儿出来玩意儿，区别就这点儿。但是如果杨式拳真正松透了，也是一样。杨式拳动作便于教学，舒展大方，也好看。你真明白了，他里头也是有紧凑的小东西，一个样。李雅轩先生不也讲大松大软吗？他就善于打软弹力，又整又有速度，人被打出去很脆，带着拥劲就打不远了。你打出去人家也很难受。

我没教多少学生，我也不收徒弟，来去自由，咱也不够教学生的资格。耽误人不合适。原来那几个学生都转学别的了，那几个是刘老师说的：“你一定要物色几个人，不要太多，四五个五六个都行，把这些东西教下去，别丢了，老先生们教咱们费这么大劲，在咱这儿丢了不合适……”就这样，我物色了几个年轻的，家里都走访过。但是架不住社会的影响，有人说呀，你年轻轻的练这个干吗？练八卦什么的多好啊，练这东西有啥用啊，练练都成老头了……

这个问题我很快就发现了。后来我对这些学生说，咱们教的时候就说了，不能影响家庭，不能影响工作，你现在受这个影响，你打算练别的，你可以走。这样他们就不练了。如果在我这儿应付，也没有必要。当年在东单武术馆教的学生，现在就剩下张德勇，团结湖教的剩下王玉柱，还有你们几个。东单武术馆当初教了那么多，现在都没有联系了。你们基本是最后一拨学生了。李文杰先生那个架子就教了一个半学生，但都没坚持。有了小孩，加上生活压力，就不练了。

人就混一个感情，你搞那么一个形式，以后再掰了更麻烦。这样来去自由，心里头也不惦记着，你弄那么一个程序，他走了你心里头也不痛快。干脆就这样，你学，我也不保守，谁学我教谁。你认为这个东西好，坚持住；你觉得不好，你就练其他的。

外界的诱惑很多，立场稍一不坚定就完了。我有一个很好的朋友，有一回礼拜天，我去地坛。他说，咱到边上聊聊去。我们老师在西南角，他领我到东南角。他说你这么好练，刘老师也就到这儿了，他教不了你了，我再给你找一个好老师。他介绍那个老师是蒋玉堃先生，形意八卦都好，“会的多啦，你跟他学去。”我说哪儿我也不去，我就在这儿练了，因为我也不打算干什么，我就锻炼锻炼身体，刘老师这个就够我学一辈子了，谢谢您关心。你看，他跟我们老师那么好的朋友，都说这个。他说你不去，可别跟刘老师说。我说，我说那个干吗？

蒋玉堃先生是杨式的名家，我要是好奇，也就去了。当时可比我们刘老师名气大，但是我也不图什么，我在刘老师这儿学得挺好的。

太极拳能坚持下来不容易，我也走过弯路，也遇到过不少诱惑，但是我坚持下来了。

什么叫弯路？比如这个放松，一开始不会放松，那不叫放松。摸索着放松，松不开。那时候多了个心眼儿，放松能解决问题吗？太极拳不是有内劲吗？自己暗含着劲练拳。里头绷着个劲，认为这就是内劲。其实这就是弯路。

有些东西也不敢问。刘老师的教学方法非常好，我现在这么认为。但当时理解不了。他说，你就多练，说也不懂，练来练去你就通了，通了你就懂了。我说的是我的东西，上不了你的身。你真悟开了，那才是你自己的东西。

他说的很有道理，这么练来练去，还真是那么回事。架子熟练了，就有时间想了，这是掤，这是捋，那是按……就这么一点点发现，然后再和推手结合。刚开始结合不了，后来一想，这拳架子和推手分着家呢。推手的时候就试着用这个掤劲啊，捋劲啊……这么慢慢实践、学习。

还有些东西是他几十年的积累，一下子也理解不了。比如他说“什么掤捋挤按，一搭手就全都有了”，“什么叫整，一抬手一投足一转腰，要晃动乾坤”……不到那个境界，说不出来这些话，不到这个境界，你也理解不了。

我是因为身体不好而学拳，所以从来没有把胜负当作第一，这一点倒是省去了一个要克服的障碍。有时候觉得是弯路，也不一定，这就像上台阶一样，不可能一下子上到最高的台阶，得一步步来。这就叫随练随扔，不可能都保留。

一开始，哪里懂什么腰啊腿啊。老师说，这是瞎用力，不对。可是，不用力又不会别的。就这么一点点来，一点点改变。

所谓走弯路就是没按拳论上的走。这么练很难受，不难受的也不知道，遇见这些老前辈，一点点给综合起来，逐渐克服自己后天本能，有同伴研究。然后自己教了学生，一步步实践。

知道难受是个好事。现在练，我们一开始就放松，研究如何“打点不打人”，这样进步就快了。一开始不明白这些，也不能说老前辈保守，那时候教拳就靠这个方法，靠你自己练，不练出不来。要太极拳出来得快，你就得按规矩练，比如放松就别含糊。松出柔来，松出整来，松出化来，松到脚上……完全符合拳论。咱们推手全是脚上的劲，拳论上没有废话。手是接触点，听劲在手上，反应在思维上，变化这个劲是从脚底下上来的。从脚到胯，到脊背，胯一进是整体，背一转到手上……

太极拳，什么是太极呢？极就是极限，虚之极、松之极、刚之极、快之极。但是不能混到一块儿，混到一块儿就是拥力、滞力、笨力，打不干净，也不舒服。什么叫以逸待劳？不动，我就是零；用，我就是百。但是该用 80，我就不用 100，该用 30，我就不用 50，这就是随机应变。刚，不是指的多硬，这是一个速度的问题。比如钢针穿玻璃，就是个速度问题，慢慢扎可不行。打点不打人，打点不打面，这是很科学的符合力学原理的东西。神也好，意也好，都包含了松的含义，都是区别于“用力”。用神，调你一个整；用意，调你一个轻，最后归到拳论上，就是轻灵。轻灵活泼求懂劲。不活泼就是僵滞。

所以要多看老拳论，把这些东西都看懂了。但是过去老拳论有很多用词隐晦，有些言语很简单，但包括的内容很广，初练的时候很难领会。

我正式拜师之后，初步懂这个，大概是学拳 3—5 年的时候。后来大概是 1980 年，东单体育馆成立了全国第一个武术馆，是公办的。刚开始就我和李秉慈两个去教，后来有了王怀、刘敬儒等。刘老师对此非常支持，嘱咐我一定要认真教，把这些文化遗产传下去。我和李秉慈找单位的同事，一起平地、拔草、盖木板房，就这样搞起来了。我在武术馆只教太极推手，教学相长，教了六七年推手，对我大有长进。

这个时候，有时间了，也有人可以实践了。刚开始“走”的动作比较大，随着年龄增长，认识提高，往紧凑上走，找这个轻灵、巧劲。当时跟老前辈学的时候，领会不了，但是都有记录，自己拿本子记下来了。比如杨禹廷先生的劲是什么样的感觉，回头自己逐渐实践，慢慢摸索，自己去找回来。要是没有老前辈的指导，光凭自己悟，是不大可能的。

“入门引路须口授”，就是法子得对。但刚开始练的时候，告诉你这个方法，你不会领会那么深，你得耐得住寂寞，慢慢练，老前辈叫“开窍”，刘老师称“练通”。

20世纪80年代，刘晚苍老师在北海教马长勋推手

世家派

有一回，我问刘老师，我说人家这个派那个派，咱们算什么派？他说现在不兴这个了，咱们属于世家派。

什么意思呢？一个意思是书香门第，一个意思是世家子弟。就是商人、官僚、清朝和老国民党时候的遗老遗少，有文化家里有钱，这叫世家派。不是打打杀杀，打把式卖艺的。刘光斗是什么人家，他的弟弟也是大学生，都是专家教授一级的，他们接触的都是这个。王茂斋先生教的很多都是文化人。李文杰、张继之都是那个时候的大学生。相对生活比较困难一点的就是杨禹廷先生，他是带艺投师。他的性格特别好，文化水平不高，但人品特别好。

但是后来学生们不那么争气的，个别的也有。前几代，那是真好。我们不仅是学拳上受益，而且是人品上受益。你要议论人家，老师听见就呲你："你怎么知道啊！""没有不好的拳，只能说你没练好。""你要打算受人尊重，先尊重人家。你不尊重人家，人家怎么能尊重你？"都是这么说。

大家都知道刘老师现在是大武术家，实际他是文武双全，释道儒医都通。我和赵德奉性格柔和，得的基本是他"文"的一方面。

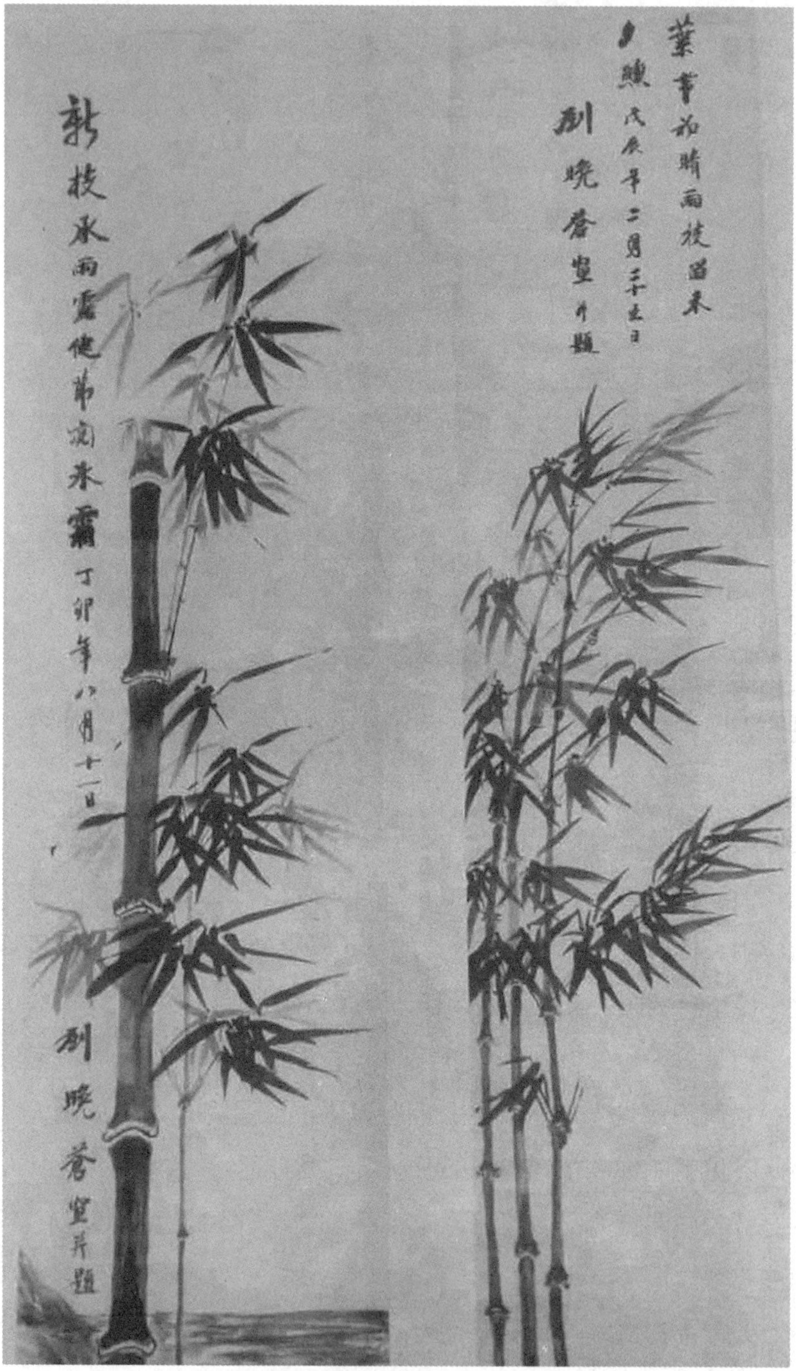

刘晚苍先生书画作品

刘晚苍先生书画作品

刘老师为人忠厚善良，文雅大度，不像我们想象中练武术的人，很像一个学者。他不仅字写得好，画也画得好。他教的学生也多，保不齐就有伤筋动骨的，刘老师自己熬制膏药，自己配制一些活血化瘀的药，免费送给这些学生。他老人家常讲，太极拳要想练好，必须学习道家学说。他们一些老先生聚在一起，经常探讨怎么打坐、养生，以及这些和太极拳的关系。可惜那时候我们也不懂，也不太感兴趣，再加上那个时候，这些还都属于“封建迷信”，也不宜大力宣扬，所以刘老师给我们讲的也不多，我们听听也就过去了。后来各种气功兴起来了，我们对比一下，发现当时刘老师他们说的都很实在很朴实，没有这些玄的虚的，如果是现在，能再听听他们的讨论，肯定受益匪浅。

跟刘老师交友学拳的颇多高明之士，比如胡海牙，那是陈撄宁先生的弟子；赵绍琴，那是三代御医；欧阳方，他们家曾经把杨澄甫先生请到家里住。其他还有跟潭柘寺方丈学清拳的张敌寒、吴公仪的同学罗葆臻、吴鉴泉的外甥何老、万福林等。高级知识分子也不少，尤其是林业部、文化部退下来的老干部。反正是文化人居多。

刘老师人品好，不仅武术圈内有口皆碑，就连社会上也有公论。就说“文化大革命”那时候，很多有名的老武术家都受到冲击，王子英回了老家，杨禹廷先生也不教了。但是，我们一直都在地坛教拳练拳，一点也没有受到影响。有一回，我们也跟老师说，现在社会上这么乱，要不我们也收了吧。刘老师说，没事，练你们的，你们这些人的为人、人品，派出所、街道都很清楚，放心练吧。其实，这都是因为刘老师人品好，不论是谁，没有对他不信任的，加上他平时为街道、派出所做很多工作，才给我们创造了这么好的环境。

外界往往只知道刘老师的“霹雳手段”，却很少知道他的“菩萨心肠”。

比如“文革”后期，我们练拳的地方来了一个姓王的老先生，穿的不太好，家里也比较拮据。老先生80多岁了，但是好动，要跟刘老师学谭腿，刘老师还真教。这么大岁数了，动作也记不住，刘老师左一遍右一遍地带着他练，我们都快看烦了。我们就问老师，他都这么大岁数了，您怎么还教他谭腿啊，他怎么能练这个？刘老师说，你们不知道，这个老先生老伴儿也没了，在家里儿媳妇跟他也不太和睦，我也知道，他还能练谭腿吗？他来这儿，我就得哄着老爷子开心……还有一个姓邓的，也是80多岁，和那个王老先生情况差不多。邓老先生是练长拳的，每天还遛腿窝腰。刘老师就对他说，我教你个法子，你在铺上练，比较安全，你万一摔着了，可就给儿女找麻烦了……刘老师就是这样，不仅善良，而且细心。所谓仁者爱人，就是这个意思吧。

在武术界，刘老师从来不曾吹捧自己贬低别人，更不去评论别的门派高低，功夫大但手底下有分寸。

刘老师朋友多，跟孙枫秋等人都推手。哈哈一乐，谈笑风生。没有沉着脸怎么地，要那样也就没人去了。王荣堂的散手多好啊，可是一推上手，他就出去了。人家说，嘿，这手好，没有“掰扯”的。网上有传说刘老师给某人带信让他们来比武之类的，根本不可能有这事。刘老师绝对做不出这种事来。他一向都是尊重其他拳种，不会看着这个不行那个不行的。

吴式拳这一门里，就不让惹事，从一学拳，就告诉他不许说人家不好，哪个拳种都有优点。比如我们去杨禹廷先生那里，说起话来，杨先生态度更好，问起别的拳种，说某某拳不怎么样的时候，他就说：“我没研究过这个东西”，就岔开了。到王家也是这样，对我们说跟生人一般不要推这个东西，要提高技艺，不要惹是生非。

新中国成立前，如果有人教拳的时候打了别的门派的人，对方就有人来定日子比武，互相约人，这时候就得有人说和，是非很多。但你看哪有吴式拳里头惹事的？不灌输这个。要灌输就说，咱不行，别惹事。关着门练就行了。所以说，有人说吴式拳没有什么光荣的历史，不能打。其实不是不能，而是不为。

这跟传承有关系。吴全佑其人本身就老实，出身是给王爷挎刀的，一个护兵。吴鉴泉先生又是好脾气，王茂斋是买卖人，郭芬是大学毕业生。刘老师也有文化，四书的底子很深。

刘老师教拳，只求耕耘，不问收获。他老人家常说，别指望人家对你怎么样。你练拳也一样，你就好好练，这对我身体这么着那么着，别提那个，功夫到了，那才对你有帮助呢。你都不练，你还打算对自己有帮助，那怎么可能呢？

有些生活上的琐事，我们都跟刘老师"嘚啵"，比如家庭啊，工作啊，他都是压下，劝你。所以跟着刘老师受教育可不少，不是光学武，也跟他学了不少为人之道。

有一阵子，我在西公街住的时候，我爱人整天带着孩子上老师家去，给人添麻烦。我爱人说，咱老麻烦人家，过节了发点心票，你买点点心给人家送去。5 口人 2 斤半点心票，我买了给老师拿去。刘老师说什么也不收，说现在困难时期，大人知道困难，孩子知道吗？你爱人成天带着孩子从我这过，我吃你的点心我吃得下去吗？你拿走……这些事，想起来都让人热泪盈眶。

还有一次，也是 60 年代初期，刘老师体型魁梧，每月定量也只有 22 斤，眼看着越来越瘦。我们心疼老师，说咱们先把拳撂一撂吧，刘老师说这不行，有困难克服一下吧。

我们一起练拳的有个叫邢宝仁的，他跟我说，你看刘老师这么辛苦，咱们请老师吃顿饱饭吧。以刘老师的性格，我们知道明说了，他肯定不去。我们俩就说约他到北海公园去玩。刘老师边走边看，看见练拳的就告诉我们这是什么拳，有什么特点……这样一直到了中午，我们有意走到仿膳门口。我们说，都这个点了，咱们进去吃个饭吧。说着，我们俩架着刘老师胳膊就往里走。刘老师一抖，就把我们俩都抖出去了，然后头也不回，往外就走。我们赶紧追，说刘老师咱们吃顿饭吧……刘老师说，你们挣多少钱啊？这是咱们进的地方吗？要吃你们吃去！我们一看刘老师是真生气了，只好回来了。

我说不能因为这事让老爷子生气啊，邢宝仁说刘老师爱听戏，我们就在圆恩寺买了几张戏票，二爷、三爷一起，我们陪着。那场戏我记得是裘盛戎的《铡美案》、李多奎的《望儿楼》等。我们买好票找到刘老师说，票都买了，没法退了，一起去听戏吧。听完了，刘老师说，你们愿意学拳，我绝不保守，但是这种事咱们下不为例。

说起来大家可能都不信，我认识刘老师 40 年，只请老师听过这一次戏，除此之外，刘老师没吃过我一顿饭，没喝过我一口茶一口酒。有一回，我们几个师兄弟商量着给老师做寿，把这个意思给老师一说，刘老师说做寿谁拿钱呢？你们拿钱我不忍，我自己拿钱我拿不起，我要拿得起我请你们，让我吃徒弟我不干。能让我碰到刘老师，真是三生有幸。

刘老师和我、赵德奎、赵兴昆在体委的安排下，接待过一次外国使团，每个人有 20 块钱的劳务费。事后我去刘老师家串门，刘老师就把这钱拿出来说，这是上次接待外国使团的劳务费，你带回去。我说我整天在您家麻烦您，这钱就给您买点茶叶吧。刘老师说，这不行，该怎么着就怎么着，该是谁的就是谁的，我有一份我已经拿了，他们的他们拿了，你也拿走。我死乞白赖不要，刘老师不高兴了。我只好说，好吧，我拿了。走的时候，我趁老师没注意，把钱塞到电视下面了。时隔半年，过年的时候我去给老师拜年，刘老师打开柜子，拿出一个信封，说，这钱是你搁的不是，塞电视底下了？你带回去，你不要坏我的名誉啊……我只是想孝敬一下老人家，没想到老人家把这个问题看得这么严重。

可是，我们要是去刘老师家，赶上什么好吃的，刘老师就给我们吃什么。我在刘老师家就吃过傅作义将军送的大桃和大苹果，不知道什么品种，市面上见不到，很少，刘老师就分给我们尝尝。有一回，我们赶上一个稀罕物儿，是半个“长生果”。长得像个橘子，据说很稀少，人家就给刘老师送了半个，据说人家也就两三个。那一次是我和赵德奉去看望老师，刘老师说你们可真会来，于是就给我们看这个东西。老师就把这半个“长生果”掰了两瓣给我们沏茶喝。沏出茶来是金黄色，有点甜，有香味，我们算是开了眼了。

刘老师在地坛教拳，几十年如一日，不收费也不收礼。老先生在这方面有八个字：“来者不拒，去者不留”。只要来学，他都教，你去学别的，也决不强求。在个人方面，他的信条是“只求耕耘，莫问收成”，他对我们的要求也是这样。他教的人很多很多，附近很多工厂，比如三机床、兴平机械厂、机床研究所等。工人比较多，教的人很多。因为教的人多，记不住名字，为了好记，就用他工作或者来的地方加上姓氏，以求方便，也好记。比如石匠高、架子王、汽车张、铁道马、天津陈……其实，教的还有文化部的、林业部的干部等。刘老师没有门户之见，只要来学，他就认真教，像孙德善、刘敬儒等人，他们都有别的老师，不管是谁，刘老师都一体对待。

那时候来地坛一起玩的名家也很多，到礼拜天，来推手的四五十个，光小伙子就有二三十个，那时候你看自行车黑压压一片。刘老师是挨着过，有说有笑，有多少推多少。有时候能从早上折腾到下午 1 点。他教人也热情，不保守。

刘老师不收费，但是刘老师生活也不富裕，过去是开粮店。这个行当新中国成立以后收得最早，然后就只好打工，什么活都干过，包括喂过奶羊。等孩子们都大了，就在家看孙子。

后来岁数大了，刘老师义务教拳的场地就从地坛移到了北海北门里头。换地方，主要是为了一些老同志学拳、交流方便。

20 世纪 80 年代后期，刘老师还曾赴山东传艺。山东龙口有个渔民叫王云龙，家里人口多，为了生活，在北京打工的时候，听到刘老师的功力如何如何，到刘老师家寻访学习，刘老师毫无保留地传授。王云龙回到龙口以后，邀请刘老师前去传艺，奠定了基础。刘老师去世以后，也请我去过。现在这一支发展得很好，成立了当地的太极协会。王云龙功夫不错，得到了刘老师的真传，而且很有组织能力，把各式太极拳都能团结起来。

刘老师给我们留下一本书——《太极拳架与推手》，这是刘晚苍老师和刘石樵先生留给我们的宝贵财富。当年，刘老师这本书脱稿

刘晚苍先生拳照

半年，在北京找出版社、体委，8 年都没出版。有关部门多少次讨论，就是不能通过。那时候民间武术家想为国家做点贡献都很难。后来是刘石樵先生在上海费了好大劲儿，最后在上海教育出版社才出版。这本书朴实无华，直截了当，那真是刘老师一生练拳的心得体会。所以书出版以来一直获得广泛好评，一版再版，销量很大。

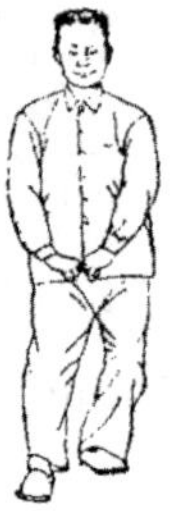

图 66

图 67

身体后倾作斜披，提膝起脚向前踢。
披身须以腰为轴，进退咸宜可待敌。

《太极拳架与推手》书中的配图

但是这本书也有遗憾。当年为了出书，给刘老师照相的时候，上海的记者来得很突然，时间很紧，说得赶紧拍，拍完了赶火车回去。刘老师一点也没有准备，衣服和鞋都没换，找个地方就这么匆匆忙忙拍了。

刘老师把出书这件事看得很重，这么大的事却这么仓促，刘老师心里也不高兴。这情绪从照片上就能看出来，加上记者也不懂太极拳，老先生心里不痛快，动作可能就有走形的时候，记者无意中抓拍到的瞬间走形动作，被编辑当作了正确的动作。这一点给后人留下很不好的影响，应该更正。比如转身蹬脚，刘老师可能身子有点歪，结果出版社出书的时候没有纠正，要真这么练，就不对了（如图)。但是无论如何，还是应该感谢这位记者，没有人家，老人家连这套拳照也没有。

刘老师从来不说别人不好。老爷子看到这本书，只是说“不理想”。

君子之德

刘老师一生光明磊落，一身正气。

关于刘老师的传说很多，接待外宾有，但是比武打人没有，更没有放话和人比武叫号的事，刘老师绝对不会干这种事。从不议论人家长短，说起来都是人家好，说那些话的人，都有点挑拨，不可信。

刘老师干什么都特别认真，国家让他接待外宾，那时候叫外事工作。这些事，刘老师从来不在外头乱说。有些朋友听说了，就找他去，他就说，对不起，国家有规定，这属于外事工作，咱们不能乱说。刘老师教人的时候也特别严谨，人品特别好。真正入门的，就 4 个学生。我、赵德奉、赵兴昆和王举兴。我是北京的第一个。他年轻的时候，在陕西收过两个学生，但我没见过，离得也远，没有什么来往。

关于刘老师，外头有不少传言，说有人找刘老师比武，刘老师说，他来吧我等着之类的话，绝对没有这些事。以我对刘老师为人的了解，绝无此事。刘老师武德好，但绝对不会背后这么说人。从不议论人，也不议论别的拳种。每种拳都有自己的优点，只是每个人练的不同，不一定都能练好。刘老师在这方面特别谨慎，吹自己压别人的事绝对做不出来。

大家都觉得刘老师推手很“厉害”，其实他也是因人而异，跟老人推手他也特别轻，年轻人就重一些，要不你领会不了啊。年轻人身体好，摔的就多，他知道摔不坏，他手上有分寸。刘老师义务教拳几十年，功力这么大，手底下从来没有伤过人。

刘老师功夫很纯，到了晚年，在地坛跟那么多人推手，回到家仍然要坚持盘拳。教一些首长练拳，教了大概一两年的时间。我们当初都不知道。我们一看老师找不着了，一问就说回老家去了，实际是去首长家教拳了。这都是后来很久以后，我们才知道的。当时，偶尔有一个机会见到一个叫林山的人，负责给首长家安装暖气、修理电器，我们在一起遛弯儿，闲说话说出来的。

1975 年，或许是 1974 年，中日刚邦交正常化没多久，接待一个日本代表团，民间往来。中方就请了刘晚苍先生，刘老师不仅要负责介绍武术，还要负责对方的安全。为了便于练习，根据国家安排，刘老师亲自布置了三个点，我记得一个在地坛，一个在天安门广场东侧、历史博物馆前头那个松树林。那个地方有人练拳，刘老师就亲自跟人家说，借您这个场地一用。大家一看是政治任务，也就很客气地让出来了。

那个代表团的负责人是三浦英夫，日本柔道六段，还有中野春美。刘老师负责介绍推手，李德印教 24 式。因为介绍推手必须两个人，我作为陪练，跟着刘老师。那时候借个人，都要跟单位下个红头文件，刘老师那边是通过派出所下的文件。我参加的几次都是在北京体育馆，接待的总负责人是毛伯浩，北京方面的是范宝云、刘作新、潘东来。保留的有一些照片，是从日本方面转过来的。那个时候有规定，不能瞎聊，不能随便合影。

结束的时候有宴会，我们这些队员也不是都去，每次去一两个。

一般是刘老师陪着，我就回家了。有一回安排我陪着，刘老师说这机会太难得了，一辈子也碰不上一两回，你去了也别拘束。这次活动，人家还送了我一块表，是西铁城，但是国家要收费，80 块钱，我一个月工资才 60 块钱，要不要的很为难，后来我是借的钱要的这块表。刘老师也是借的钱，留了这么一个纪念。

第一次接待日本代表团就刘老师一个人，第二年开始才带上我。第一次接待，告别宴会在丰泽园吃饭，吃饭时三浦英夫提出来，柔道里有几个擒拿，能不能用太极拳化解？那时候都得跟领导汇报，好在两个桌都挨着。刘老师跟领导一说，毛伯浩说这个事可以，但是第一，你不能丢中国人的面儿；第二，不能伤了中日民间友好的关系。既要给对方留面子，还得让对方看出我们的技术来。这个难度就非常大。

领导要求得对，我们刘老师做得也很好。先让对方拿，让对方拿到最合适的地步，通过翻译，什么时间用。日本人“啪”一用的时候，刘老师用听劲化劲，彼微动己先动，把对方这几手化得非常干净，只是化掉，不拿对方。

最漂亮，也是最危险的一手是这样的。柔道善于摔，对方拿着刘老师的几个手指头，膀子扛着刘老师的肘尖，胳膊都拿直了，骑马蹲裆式站好了。一般来说，一撅屁股胳膊就折了，人也就出去了。刘老师说用，他刚一使劲，刘老师肘一沉，对方“扑通”坐地上了，刘老师赶紧给对方抱住了。大家一笑了之。这是正常的互相切磋，刘老师从来没说过我怎么打了日本人，回来跟自己的学生都不说。在他看来这就是一种外事工作，跟学生一说，学生添油加醋在外头乱说，耽误事。后来到了飞机场，日本人仍然很迷恋这个技术，刘老师就在机场再次给他们演示。

这件事后来在武术界传闻很广，为什么会这样？因为这和传统的切磋不一样。一般的切磋，大家是平等的。但这次不是，这次对付的反关节擒拿，刘老师后来说一共是“6 把大拿”。对方把姿势完全做好，各种反关节已经做到位，把你的身法都已经拿变歪了，拿到家了，这个时候对方完全主动，自己完全被动，完全没有余地了。这时再用局部的手法，已经不起作用了，根本走不了。这个时候完全是靠身法和听劲，反应只在刹那之间，全靠功力。

这“6 把大拿”，按中国的说法，有“外掰筋（左右）”“拐肘”“翻天印”“小金丝（金丝缠腕）”“怀中抱月”，还有刚才说的那个，民间的叫法不雅驯，叫作“黄鼠狼拉鸡”。

其实这种示范做了好几次，在北京体育馆也做过。因为后来的日本代表团对这个问题仍然很困惑，一直到现在，仍然有代表团的成员不断提到这件事。当时的小伙子现在都五六十岁了，还到中国来学呢，有新人也常常要求我做这些动作给他们看。

当时，我去刘老师家的时候，刘老师给我讲过这些方法，后来也让我去给日本人演示这个技术。第一次看到这么大的场面，我心里很紧张，刘老师说别害怕，有我呢。做这些动作的时候，刘老师一直在我身边保护。因为大家虽然很客气，但这种擒拿手法真动起

接待日本代表团旧照，后排左起：马长勋、李秉慈、潘东来、×××、刘晚苍等

手来，一个不小心，很容易受伤。我也做成功了，刘老师很高兴，他说年轻人就得去锻炼。

这个接待工作，一直延续到 1979 年。那一年我去参加在南宁举行的全国武术观摩大会，刘老师的助手换成了李天骥的学生于庆周。除了刘老师，参加的还有一些专业人士，比如李秉慈、叶树勋、谢志奎等。刘老师后来还接待过其他国家和地区的代表团，比如法国、中国台湾，后来这个工作也落到了我们这一代身上，一直到现在。这些外国朋友，从 1993 年起跟我往深了学，学了 20 多年。我说这些，并不是说我马长勋怎么样，人家是冲着当初刘老师留下的遗产，要挖掘这里头的奥妙，现在这个局面都是受刘老师的影响。当时我们不允许摄影摄像，但是不限制外宾，他们留下了很多宝贵的资料，我们现在很多照片都是他们提供的。

现在有些打拳的在外头串门啊，研究手啊，说你发个劲吧，拿

1976 年左右，北京体育馆，坐者为刘晚苍，站立者右起为马长勋、李秉慈、刘作新等

我一下吧，互相听听。可是扭脸就不是这样了，说谁谁让我打了，谁谁让我放了，谁谁让我拿了，这个风气真的很不好。

你想一想可能吗？朋友串门、推手就打起来了？国际友人来了二话不说就打起来了，有那事吗？从逻辑上也不对呀。你看人家王子英、郝家俊先生，两人走得很严实，都很有功力，都互相羡慕互相爱护，维护对方的名誉，相互尊重。这些在武术界值得我们学习的楷模，都是品德高尚的人。有的人就不是，无事生非，打了谁了，弄了谁了，没影的事都敢说，这些都是武术界的毛病，不可取。

1982 年，那时候我在东单武术馆，我的一个朋友来东单找我，说美国来了一个叫库玛的，到体院来学太极拳，相当狂，到过东南亚等国，没有遇见敌手，把体院给唬住了，让我给蹚蹚路子。

我说这是奉官呢还是奉私啊？他说你就算帮我一个忙。我说那行。第二天是礼拜天，我们就去了。介绍完了之后，这个美国人是有点狂，光着脊梁，光着脚丫，就穿条短裤，护心毛好长，看着是挺唬人的。狂是挺狂，但不是他们说的那种狂。介绍完，库玛说，美国怎么怎么先进，像你们这些拳也好，推手也好，我们可以录像，等回去我一放慢镜头，就很好掌握了。我说外形的东西，你可以录像，可以慢放，可是心里头的东西，你怎么录啊？他说这个是没办法。我说恰恰中国武术好多都是内在的东西。谈的也挺好。

后来就推推手，打打轮，互相问问劲，这个人有力气，但是太极拳的程度不够，有力气，个子也高，但是咱们也能化开。我说推手用不着这么大劲，用小劲也能拿他。但都是很友善的。我接待这么一回，挺好。后来就都演变成了打美国大力士啦，先说库玛先生怎么武艺高强，但是到某些人手里不是个儿，等等。碰到这种事，还是实事求是为好，一就是一，二就是二，不要添油加醋。库玛先生知道的话，非气死不可。

吴门诸贤

除了跟刘老师学、跟王师爷学，
我还有幸接触了吴式拳第三代的其他几位前辈，
还有刘老师的众多朋友，从中受益匪浅。

张继之

张继之先生也是王茂斋先生的弟子，20 岁懂劲。张先生的手，轻也不是，沉也不是，取其中，是很自然的手法。他也是定步推手，不管你怎么推，步眼也不带动的。

张继之先生的父亲是开营造厂的，和同盛福王茂斋先生有生意来往。营造厂用现在的话讲就是包工程，包工程就用得着砖瓦灰石。张先生家里很有钱，又是独生子，是家里的宝贝疙瘩。张先生人长得也帅，骑的自行车叫“白金人”，英国进口，车全是电镀的，轮胎是纯胶的，透明，里头是生丝。那年头要有一辆这样的车，家里能镶玻璃阁子里当摆设，人家能骑着满街跑。

为了让这个孩子身体健康，上中学的时候家里就让他学太极拳。最初是跟杨澄甫先生学。但是得到广安门去学，他家在锣鼓巷住，在交道口、安定门那一块儿，骑车到广安门得一个小时。学了一年之后，张继之就跟杨澄甫先生提出来学推手，让杨先生给说了一通。

张先生是大少爷，在家都恭维着，被“呲儿”一通回家很不高兴。给家里一说，父亲就批评他，要听老师的。正说着呢，柜上管事的进来了，一看少爷不高兴，忙问情况。他父亲就说这小子正怄气呢，刚学一年太极拳，异想天开要学推手，挨了顿“呲儿”。管事的一听，说，到广安门学太极拳这不是舍近求远吗？咱们做买卖的那家同盛福掌柜的就是练太极的，这离家多近呢，钱粮胡同，骑车十分钟用不了就到了，明儿我带你去那儿吧。

如此一来，张先生就到了王家，刚开始还是练原来的架子。后来就双管齐下，连盘架子带打轮，推手也学上了。教买卖的主顾当然跟教别人不一样，而且王茂斋先生也偏爱张先生，所以提前就给他说了推手。

后来杨澄甫先生做寿，张继之先生觉着自己也能比划了，就想和杨先生的其他弟子比划，于是买点礼给杨先生做寿去了。杨先生问，你这些日子怎么没来啊？干吗去了？张先生就扯个瞎话，混过去了。吃喝过后，杨先生就和几个老朋友进里屋打牌去了。张先生就跟过去的师兄弟们一块儿推手玩。一推，还挺好用，几个师兄弟推得还挺起劲。这么一推，有撞桌子有撞凳子的，叽里咣当一响，杨先生听见了。掀开门帘一看，杨先生也纳闷儿：这小子不知从哪儿学的？孩子们还不好推他，还说瞎话。于是挑帘而出，问声干什么呢你们？别瞎闹了。于是大家归置东西就不推了。这件事也就过去了。

不过，张先生心中有数，从此就踏实在王家学了。后来有一个很好的机会，就是杨禹廷他们拜师，张先生说，就把我也收了吧。杨禹廷先生那时候家境比较困难，李文杰在上学，曹幼甫先生是电车公司卖票的，更没钱了。张先生家有钱，所以拜师的费用都是张先生出的。当时，在隆福寺有个大饭庄，在那里摆桌。张继之跟王茂斋先生学了三年，老先生就故去了。在这三年的后期，张先生就染上了嗜好，因为家有钱，就抽上大烟了。

推手时，老先生一闻就知道不对劲，很生气：“你小子抽鸦片了吧？赶紧戒了，不戒你就别来了！”可是鸦片这东西一旦染上，想戒戒不了，后来王老先生越来说得越严厉，他就不敢到王家去了。老先生78岁那年，病了，住在协和医院，张先生去看，都不敢见老爷子面，怕老头生气。从门缝里，窗户外头向里看看。不管怎么说吧，前前后后，张先生跟王茂斋先生正规学了三年。可是，在这三年里就懂劲了，手推得相当好。

张继之先生的家和我们刘晚苍老师家很近。张先生家有个院子，所以刀啊、枪啊什么的都放张先生家，晚上就到张先生家去练。一个交道口，一个锣鼓巷，走着也不过5分钟。张先生给我说过很多王家的小故事。

他有一回谈到吴鉴泉先生，说那时候年轻调皮，跟吴先生推手的时候说："师叔，您的手是推得好，可您的大肚子多碍事啊。"吴先生说："碍事吗？要不你摁摁。"张先生说自己年轻也不知道深浅，让摁就摁呗。使劲一摁，这肚子忽悠一下就跟没了似的，叫声"不好"，这手还没撤回来呢，"嘣"，一下子这肚子又回来了，一下子就给放出去了，而且把手也给戳了，肿了很多日子。后来，张先生说："吴先生那肚子可摸不得，看着软，发劲又快又脆。"

张先生盘的架子是又一个风格，他盘的架子不像咱们练的这个架子这么慢，这么匀。他的架子是王茂斋先生单教的，都是牵动着走，手里都有小牵动，他推手也带这个劲，推得相当漂亮，很实用。那时候我在土儿胡同住，离他家很近。我专门问过他这个事，他说那时候老师就这么教的。

张先生家境很好，一辈子没做事，就吃他父亲的遗产。新中国成立后，房产没收了，能卖的也卖得差不多了，就在外头以看自行车为生。我家境也困难，也没钱给人家送东西，又想帮老先生，就帮老爷子看自行车，替替班。

那时候看自行车要发牌子，也不总在一个地儿，鼓楼、宽街等地，来回换，单位统一安排。我下了班就帮老先生看车，大概两个钟头，等人家上了板儿了，就关门下班。我再把看车用的牌子、兜子给他送家去，把钱理好了，再说十几分钟手，学他的推手。

张先生手推得特别好，但说不出来，你一来，他一接手，一晃，“叭”一下，你就出去了，就跟他练拳一样；问他是什么道理，你一问他就那几句话。他总说：“嗨，这个玩意儿啊，是个气功！”还有一句就是：“太极拳你练好了，就是地仙。”就这么两句话。

他的推手很有特点，接手的时候晃，你出去之后，他还得晃一下，成习惯了。

那时候跟我一块常去张先生家的还有我一个师弟，叫赵德奉，比我小三四岁。我们都是同时拜的刘老师。那个是我最好的拳伴。练拳必须要个好伴儿。学了要消化，消化必须要有伴。太极拳是个知觉运动，没有人陪练就出不来。

他在丰台上班，下了班到北京站，骑自行车回家，我在交道口，他在六部炕。下班先到我家，怎么样？又淘换什么来了？我们就在一起演习。找到一个劲，大家都很高兴，他的手也很细腻。你记了一手，没人练可不行。他工作忙，家又远。我家近，比较方便。

张先生家我可没少去。除了帮他看自行车，早起公园回来，上班从他家门口路过，有时候就跑到他家去，哪怕说三五分钟也行，赶紧骑车上班。那时候特别入迷，业余时间都干这个了。今天上这儿，明天上那儿，这些家都去。

有一件事，是我亲眼所见。那时候我住交道口土儿胡同，胡同口外对过有个澡堂子，我记得叫“广清园”，大概是这么个名字。张先生就在澡堂子外面看自行车。张先生家在鼓楼东大街锣鼓巷口，那时候马骏（马老师之子）刚会走。我有时候也带着他帮老先生看车，让老先生回家休息。等9点钟澡堂子关门，我把孩子送回家，再跑过去把车牌子给老先生送去，再跟张先生学会儿推手。

澡堂子里有一个小伙子，知道张先生是个练家子，老打算在老先生身上摸索一下，试试劲。张先生老说他，你年轻别老想动招，碰一下子不合适。这么着说了他好几回，越说他越来劲。那一天我正在场，小伙子说，你练的什么武术啊？你这个老头子老这么说，我一推就让你坐这个椅子上。这事我记得清清楚楚，张先生歪着脑袋直乐，说：一推就给我搁椅子上，能吗？小伙子说，不能你就试试。他说着就朝张先生胸口一推，还真使劲。张先生拿手稍微一采他，然后一立肘，小伙子就站不住了，“噔噔噔”连退几步，“扑通”一下就坐在广清园的台阶上了。

小伙子懵了，说你这股子劲哪儿来的啊？我再来一下。张先生说你再来一下吧。小伙子鼓足了劲又来一下，看着还挺猛，这回张先生连手都没动，肚子稍微一吸，再往前一挺，小伙子“噔噔噔”又出去了。张先生说，还来吗？小伙子说，不来了。

有一回，赵德奉的二哥赵德库，跟我们俩一起去张家拜年。赵德奉有哥仨，都喜欢摔跤，老二不太了解推手。大年初一，拜完年之后，就在那儿推手，赵德库没怎么推过手，他是练摔跤的，他也想试试。

我们俩就说，你可别较劲，一是老先生岁数大了，碰着不合适；二是弄不好老先生出个自然反应，你也不合适。但是他习惯摔跤了，也不知道怎么就出劲了，老头给了他一肘。他那个屋子是西屋，风门上有四块玻璃，收不住脚了，一下把一块玻璃都撞碎了。大年初一的，还得现打糨子找纸糊，要不多冷啊。我直埋怨，告诉你别使劲。他说，这老爷子手怎么这么厉害，又整又快。我刚想用劲，还没用1/3，就回来了。是啊，人家听得准啊。

李文杰

在我接触的众多前辈中，最“文”的推手，就是李文杰先生。

李文杰先生是文人，到王家拜年他都单独去，和一般练武的说不到一块去，比较清高、高雅。他跟王子英先生是一对儿，和杨禹廷先生关系特别好，让我找他也是杨禹廷先生说的。

和他推手，他既不撅也不拿，甚至也不放，就是听劲。到你身上，他说“你走不了了”。你走不了他也不把你发出去，他不打。赶到他身上，他也一乐，说我走不了了。“你这个劲从下面来的，我被动了。”他也不挣扎，他推的非常文雅，点到为止，能发而不发，能拿而不拿。推上你笑呵呵的，你看你走不了了吧。然后给你讲为什么走不了，这个道理。你推着推着，问一个劲，他走不开了，他就说你看你这个劲是怎么回事,把我挤住走不开了。他身上是什么反应，讲得很详细。脾气特别好，总是笑嘻嘻的，跟谁都很客气。

他是那个年头的大学毕业生，相当了不起。他自己写的有东西，但没有出书，这本书我家里有。“文革”期间写的，里头还是“毛主席教导我们说……”、毛主席语录等，我手抄的，这些也得抄上。

李文杰先生推手特别“文”，但是他的架子特别吃功夫，与众不同，是过去吴家“练功夫”的架子，他得的东西，是王家和吴家两家的精华。

李文杰先生在王家拜师的时候是和杨禹廷一起。拜师以后，吴鉴泉先生很喜欢李文杰，李文杰书香门第，无论是外表、性格，都和吴先生很对脾气。王茂斋先生看出来了，就对李文杰说，你师叔看来很喜欢你，你跟他多学学。

后来老哥俩就分了工，比如一星期，一三五、二四六的这么分着教。所以李文杰先生有一路架子是吴先生传的，不像现在市面上大家经常看到的吴式太极拳，练起来非常吃功夫。李先生曾对我说，这就是吴先生关门练功的一套拳，因为李先生也不怎么收学生，所以这趟拳传人不多。

杨禹廷先生当年介绍我去见李老，我一直到李先生退休以后才在日坛公园碰上。杨禹廷先生跟我说这事的时候，也记不起他住哪个胡同，更不用说门牌号了，就说朝阳门那儿有一个死胡同。朝阳门地儿太大了，死胡同也不少，我找了好多回都找不着，后来就不找了。有一次上日坛，那是 1979 年或者 1980 年的事儿了，可能还要早一点，在北门里头正碰上。

我在那里看到有人教拳，非常古朴，不是市面上见到的太极拳，却是吴式拳的路子。赶巧他在那一说话，咱这一打听，说他老师是王茂斋，我一想这准是李老。我过去一问，您是不是李文杰李老？他说你怎么知道我？我说杨禹廷杨师爷让我找您。就这么着，跟着上家去了，跟他学了一趟拳，就是吴鉴泉先生当年练功的那一趟拳。

他说我练这个架子岁数大了一点。我那时候也小 40 岁了，不过腰腿还行，就跟他学了这套架子。很吃力，非常吃功夫，和现在的架子有很大区别，特点是能练身上内里的这些劲，从外表看不像现在的吴式拳这么好看。比如搂膝这个动作的时候，前脚提、蹬、点、落（脚尖落），前脚落地，后脚跟就起来。这是偏于技击的东西。这个拳我这一辈儿好像就我学了，我也没怎么练，太累。后来和马岳梁、吴英华聚会的时候，我提起了这档子事。吴英华说是，吴鉴泉很喜欢李文杰，跟他讲过很多奥妙。我就说我跟他学了这趟架子，我做了几个动作，他说："一点也不错，不过我们家现在也没人练这个了，太累人。"

这趟架子青年人还可以，年岁稍大一点就吃不消了。它的势子也比较低。一起势就蹲下去了，手一提溜起来，脚就提、蹬、点、落，揽雀尾也是这样，它的揽雀尾有三个圈，现在大家练的都是一个圈，比如它的揽雀尾一捋回来，都含着寸弹的劲，不是很明显，但里面

李文杰先生拳照（搂膝）

李文杰先生拳照（野马分鬃）

李文杰先生拳照（上步搬拦捶）

李文杰先生拳照（退步跨虎）

有这个痕迹。搂膝手起来时，手是大、食、中三个手指头捏着，垂着腕和肘，一出手就是奔人眼珠子去了，回手就奔喉头。只有李文杰先生得的是两家的东西。推手他和王子英先生是一对儿，老搭档。

杨禹廷

杨禹廷先生家我也去过，杨先生的事大家比较熟悉，我就说点别的。

杨禹廷先生老抽烟袋，但他抽烟袋不是拿着，而是“擎”着，就像端个茶杯，少一点劲都能掉下来。我们到他家去，完了去筒子河，他都是说，我走得慢，你们头里走吧。为什么呢？他走得一点也不慢，但如果大家都跟着，一个劲“白话”，人家没法练功了，他边走路边练功。这也是后来我们才明白的。他走路拿根拐棍，也不拄着，拿在后面背着手，慢慢走。

有一次我们去筒子河，他有个徒弟叫张玉书，岁数也不小了，但经常跟杨先生有点“小哩戏。”

我一般前头走，对大伙说杨先生在后头，一会儿就来。果然，没一会，大伙儿就看见杨先生慢慢地来了，张玉书在松树墙后面猫着腰，绕到杨禹廷先生后头，抽他的拐棍。这一抽，杨先生一回头，他就叽里咕噜出去了。杨先生一听他的来劲，一落空，拐棍一崩他，人就出去了。“又是你，淘气！”

这个我们都看见了，不懂的人看了就玄，然后神化，其实就是俩人劲合。你要真是个小伙子上去就抓，也不一定就能出这个劲。他是顺着这个劲就出去了。

杨先生和我们说手是在故宫转角楼那儿，东南角那个角楼，东华门背风的地方，老先生给大家说会儿手。我们那时候经常去，先去杨先生家，到家要是师爷不在，走了，我们就往角楼跑。

1957年5月5日杨禹廷宗师收徒合影。二排右起为 ×××，王子英、吴图南、杨禹廷、李子固；一排右起为 ×××、孙枫秋、戴玉三、李秉慈；三排左二为李经梧，右四为刘鑫富；后排左二为王培生、左三为郑西敏，左五为翁福祺

门外高人

王家朋友多，交往广，刘晚苍老师也是朋友众多，如此一来，我们年轻的就跟着沾光。

老先生（王茂斋）在的时候，尹福、马世清、尚云祥、刘彩臣……都是家里常客。这些朋友中，有摔跤的，有八卦形意，还有长拳的，交了那么多朋友，肯定对王先生也有影响，能吸收很多东西。

刘晚苍老师在地坛，也是老前辈们常常聚会的地方。刘老师教的人也多，一般都二三十人，也有实践的机会。刘老师武德好，人缘也好。好多老先生都到他那儿去，王荣堂、吴彬芝、鲍全福、张继之、周俊佛、刘谈风、马汉青、孙枫秋……有同门的，也有外头的。这样，我们学的东西就多了。

郝家俊先生家里我也去过好多次，他没有练武人的习气，就跟大学教授一样，口头干净，人也大气。碰到这些老先生，刘老师还给我们托付托付，遇见这么一个好环境，学了不少东西。

老一辈老武术家都是很好的朋友。现在还有谁和谁能坐下来探讨这些东西？都是自己对，别人不对，那个时候这些老前辈就是能够坐下来谈笑风生，切磋技艺，取长补短，互相提高。现在只能想象了。

吴彬芝老师和恩师刘晚苍是很好的朋友，我跟吴先生学的是杨式拳，之前是跟鲍全福老师学的纪子修那趟拳，也是杨式。跟吴彬芝老师学的是杨澄甫老师的大架子，吴老师还教了一趟武式拳，都是老架子，作为一个了解吧。里头确实有不少好东西。但是我们有君子协定，这趟武式拳只能在家里练，不能在外头练，所以你们都没看到过。这趟拳的特点是“沉”，和外头练的不一样，现在也看不到了。

鲍全福老师是北大毕业的大学生，年轻的时候好体育，他的太极拳是跟纪子修先生学的。

鲍老师 30 多岁的时候得了肺结核，那时候谁要得了肺结核，就跟现在得了癌症一样，不治之症，而且传染。这个时候，鲍老师就下决心通过锻炼治好这个不治之症。除了吃药看病，还坚持锻炼，一练一身汗，擦完还练。这么下工夫，有一两年的时间，肺结核痊愈了。

鲍老师过去是旗人，老辈上是做官的。一辈子没有工作，吃房租。到了新中国成立后，把他家的房子都没收了。他膝下 5 个姑娘一个儿子。儿子 16 岁的时候，不幸夭亡。有一个外孙子身体不好，老爷子生活真不容易。

我们跟他这一支，大师兄叫刘学文，还有郭栋、弥庆祥、邢宝仁、我，还有一个姓王的，在银行工作。

那时候跟鲍老师学，先学一个搂膝拗步，这一个多月没别的，就练这个动作。我那个大师兄刘学文特别好，他对我说，这个鲍老师教人呢，你得天天来，他教完了你，他就不上你这儿来了，他到别处看你练不练。你要是天天练，他也许过俩礼拜，过来再给你说点，他要看你有几个礼拜不来，这老先生就不上这儿来了。你再来他就不教你了。我给你交个底，你要真打算练，你就天天来。所以，我就天天去。

有一回，我正练着搂膝拗步。走到头，再一转腰回身。那时候地坛还有两道坛墙，现在头道坛墙大家看不到了，西门好像还有点痕迹。头道坛墙年老失修，有些就塌了。我一回身看见鲍老师在墙外头看我，我回身回得急，鲍老师没来得及躲，让我看见了。我一想，还真是这么回事。他这么一闪就走了，没到我这儿来。

我就天天练，后来又给我说个云手、倒撵猴、野马分鬃，反正是四个基本功。这一趟拳我学了一年，他是一小段一小段地接，他不是从第一个动作到第 80 个动作这么顺序地教。他不挨着，比如，今天来了，摆一个单鞭，接着来一个下势。下一回来一个单鞭，来一个高探马，左分脚……就这么一段一段地教。前后也不挨着，我就是先练基本功，然后练一段一段的"小总成"。过了一年，大致从上一年八月中秋节到了下一年的八月中秋节，老先生说，我争取今年这个中秋节前把这趟拳教完，不光把拳教完，中秋节我还给你买月饼吃。

这趟拳就是纪子修先生练的那趟拳，这趟拳和杨澄甫、崔毅士他们教的，多少有点出入。比如提手上势、玉女穿梭、分脚这些地方都不太一样。这是因为后来我跟吴彬芝先生学过太极拳，吴老师走的是崔先生的路子，所以知道两个不一样。

鲍老师推手也很好，没人的时候他跟我推推手，有人的时候他不推。我说鲍老师你推手这么好，怎么不跟大家玩？他说你年轻不懂，推手是个"是非行业"。我们俩人到犄角旮旯，俩人活动活动，他的小劲整劲都不错。

鲍老师和刘老师是斜对面的街坊，关系特好。那个时候，鲍老师的房子虽然收了，但还给他留了三间北屋，还有廊子。我到他家里去过，鲍老师是老北京，喜欢养个花啊，养个鱼啊，家具都是在八旗时候的那一套，一水的黑大漆，金边，都是好木头。家里头挂着名人字画，鲍老师毛笔字也写得好。老先生最后是无疾而终，早上去买早点，走到香儿胡同的小学门口，背靠着树，就这么走了。

鲍老师家里虽然困难，身上也有补丁，但老先生平时特干净。身上的青市布都洗出白茬来，绑着绑腿带，穿大圆口鞋，那时候叫夫子履，手里拿着文明棍，不拄着，拿在手里，溜溜达达走路。他自己有一个大黑书包，戴着师娘给他做的六块瓦的小黑帽子，还有一副前清时候留的墨镜。前清的墨镜都是镜片上钻个洞，铆上个眼镜腿。新中国成立后不时兴了,把原来的眼镜腿去了,配了一个大框，镜片是真正水晶石的。一副老北京的派头。

有一回他去地坛，路过北新桥一个菜摊，看看蒜苗又嫩又新鲜，买了点蒜苗放在书包里，拿钱的时候，把眼镜摘下来放在那儿，给完钱就把眼镜忘了。拿着拐棍，哼着小曲就去地坛了，走到南门，想起来了，眼镜落那儿了。他想起也挺紧张，但马上劝自己，别紧张，眼镜没了，丢就丢了，我这个岁数，我要一紧张，气血一上来，兴许就把我搁这儿了，得嘞，我先把我这个心平静下来，我再往回走，有我也别高兴，没有也不着急。老先生哼着小曲，慢慢又回来了。卖菜的一看见他，说老先生，您眼镜落这儿了。他一听这个，对自己说，别高兴，别冲动，我先找个台阶坐坐稳稳心。卖菜的也纳闷啊，给他说了，赶紧来取呀，这老头怎么坐那儿了。稳了稳神，老先生才过去拿眼镜，谢谢人家。返回头来，又回地坛了。

老先生给我们讲这么一段，他说人呢，你不能冲动，高兴过度了不行，着急也不行。那时候我们年轻，拿这些都不当回事，当笑话一听，现在我跟鲍老师年纪相仿，好多话就明白了。

后来在团结湖，我无意中碰到鲍老师一个院的街坊赵兴华，赵兴华在书店工作，有拳论方面的书，他就给我带过来，该多少钱给人家多少钱。我们谈起鲍老师，我说鲍老师写过一个东西，我去他家的时候，他让我看过。鲍老师说，等你退了休，我再送给你，你现在看也看不明白，都是修身养性的东西。鲍老师还跟我们讲过八段锦，包括文武八段锦、床上八段锦、易筋经等，我按照他的思路，创编了一个养生八法。赵兴华也练拳，练的就是鲍老师的拳法。

我跟鲍老师有一张合影，应该是1960年照的。有刘学文、郭栋、邢宝仁和弥庆祥。过年的时候，我们给老师拜年，师娘就说，你说这个老头，见不到你们想你们。每年年下，老头拿出照片来，擦了又擦，摆到八仙桌中间，他们都不来，老念叨你们，就你有时候还来……

鲍老师也和其他老师一样，送什么都不要。后来我们知道鲍老

1960年，鲍全福先生与部分弟子合影：前排为鲍全福，后排左起：邢宝仁、弥庆祥、刘学文、马长勋、郭栋

师好闻鼻烟，也不知道去哪儿买。就到处打听，那时候就大栅栏北面有一家卖鼻烟的，我就买了一桶鼻烟，给老爷子送去了。老爷子说，不让你们买东西。我说您教我们拳挺辛苦的……老爷子说，咱们就这一次，下不为例，你要再买，我可不高兴。我说我听您话，下次不买了，我也不懂，您闻闻看。鲍老师一闻，说，你这个鼻烟在哪儿买的我都知道，你这是在卖鼻烟最好的大栅栏“北喽”（北京土话，北边某地之意）买的，是吧。

那些年，就是鲍老师闻了一瓶鼻烟，剩下的什么都没有。这些老先生，白水我都没给人家端过一杯。

师友之间

在道家功法方面，我也接触过几个老先生。比如胡海牙先生、鲍全福先生、还有一个胡福生先生。胡海牙和我是好朋友、忘年交，他和赵绍琴大夫也跟刘晚苍老师学太极拳，从地坛跟到北海。刘老师故去以后，他们在团结湖跟我一起练拳。

胡海牙是陈撄宁的传人，也是著名的中医大夫，那真有两下子，特别是针灸。道家的东西知道的也多。但是他练的都是很自然的东西。他也不打坐，他就是平平常常，调节精神。天元地元人元，这三元功法，他练天元。天元大法，最自然，最通俗。人元是阴阳双修，过去骗有钱的人，大官僚，娶姨太太买闺女，给他们做一个有理论的可追求的东西，很多都是骗钱。我跟胡大夫在家什么都聊。

胡福生的看法和胡海牙在有些地方不一样，但这两家我都串门。他要在世就过百了，他是老红军，国共谈判的时候，他和叶剑英一起来北京谈判。他也是练道家功，他是邱祖一派，清修派。他给过我一本黄元吉的《乐育堂语录》，对我帮助最大。这本书我找多少年找不到，他给我了。这都是缘分。后来找俞炎注解的《参同契》，也是多少年找不到，突然间团结湖就来一个老太太练拳，我就聊这个事，老太太说你甭管了，我给你找。第三天就拿来了。她的一个侄子在首都图书馆，那里头藏书有这个东西。值夜班，就给复印了。

道家跟道教不一回事。道教是一个组织，需要宣传，道家是一种学术，也跟太极拳一样，非常简单。我跟他们学，我就松着来，特别舒服，一松就有。椅子也没了，脚也不挨地了……美极了。我盘太极拳也盘出这个东西了，一盘他就来这个东西。为什么推手那么轻啊，根本不使劲，就使那个感觉。你会了这个，你坐公共汽车，你坐飞机，只要一放松，俩眼一闭，身体内部气血平和，这个东西就来了。你坐俩钟头，比你睡一觉都舒服。

既然简单，为什么还都不一样呢？胡大夫给我讲过这个问题，你要打算出名，你要打算教的人多，你就得“骗人”，你不骗人没人追求你，像你这样教拳谁跟你学啊？就是放松，谁不会呀？

2006年在纪念刘晚苍诞辰100周年大会上，马长勋老师（左）与胡海牙前辈（右）合影

但实际上，道家功夫也一样，追求到末了，就是“松静自然、神气合一”八个字。可你说就这八个字，练去吧，谁跟你学啊。松静自然谁不会，我干吗跟你练呢？天干地支八卦五行，阴阳，抽离补坎、乾坤颠倒、水火离位……弄得复杂，人们才会追求，才会相信。

总结起来核心就是一个词，“神气合一”，非常自然的东西。神气合一就够了，你要再提高，就把这个“一”再忘了，“混合为一复忘一”。就是放松，把身体调松，不静也没关系，一点点来，只要你能松，对你身体就相当有帮助。你能静就更好。也不复杂，但也很吃功夫。通过放松，里头气血什么的都合了，身上就出来这么一个感觉，这个感觉相当地舒服。不是说非得打坐，你把他练上身，什么时候都能练。

比如咱俩聊着天，为什么不累呢，因为我都是放松的。气老是在丹田这儿，也不是有意养着，是习惯了。不是说我跟你聊天，一紧张气就上来了，头昏脑涨。你就保持打坐那个状态，聊一天也不累。道家功也没有玄学，也没有迷信，不过当初教气功那段时间，那些教气功的，弄得神乎其神，玄之又玄。所谓道家功，其实是非常朴实的道家文化。

拳理篇

太极拳的核心就是“松”，

但一般对此都怀疑，

或者半信半疑，

或者嘴上说松，心里要小聪明。

吴式源流

“太极拳”这个名字，据说是光绪的老师翁同龢起的。杨露禅在永年教拳的时候叫“绵拳”，刚来北京的时候也叫“绵拳”。据说杨露禅教王爷们练拳推手的时候，翁同龢先生经常在旁边看。看来看去他说这个拳有哲理在，于是建议，这个拳叫“太极拳”最好，叫“绵拳”不雅。太极拳由此得名，这是有人考证的吧。

吴家的东西其实也是杨家的，全佑得自杨露禅。我跟刘老师学拳那阵儿，也没有吴式拳这个名字，就叫“杨式小架”，有时干脆就叫“小架”。也就是说，都是杨式拳的一部分。

“小架”这个词容易让人产生误解，因为他的动作并不“小”。“小架”和“大架”的关系并不是拳架大小，而是区分一二的关系，比如一路叫大架，二路叫小架，就是老大老二的意思。并不是说吴式拳小巧，杨式开展，其实吴式拳也很开展，你看吴鉴泉先生、王子英先生、刘晚苍先生的架子都很大。但是，因为有了“小架”这个名字，对于外人而言容易产生误解，以为吴式拳不开展不大方，其实不是这么回事。

从我学拳的时候起，吴式拳都自称杨式小架。新中国成立后，政府组织让各个拳种都整理出资料来，然后国家根据这些流派进行命名，于是有了陈式太极拳、杨式太极拳，乃至吴式、孙式、武式，据我所知，杨式、吴式这个名字并不是自己命名的。起码吴式太极拳这个名字不是自己创立的。

太极拳一代一代传下来，从杨露禅、杨班侯、杨健侯、吴全佑、杨少侯，一代代下来也有个演变。

过去我接触的老先生们基本都是自娱自乐，大部分人自己有买卖，或者像张继之先生那样继承的有祖产，自己不用做事，也能生活，就专门玩这个。新中国成立后大家都上班了，爱好者也就是业余时间玩一玩。

从技术上讲，第三代求的是“精”，第四代则偏于“功”。这可能与他们所处的环境、生活也有关系。第四代很多开始打手，放人，叮零当啷的也很脆，但是感觉和上一代人听劲的精准性就差了。这是两代人的不同点。刘晚苍老师的功夫就大，要比功夫，恐怕能奈何他的没有几个。

太极拳讲舍己从人，力从人借，这就是一个尺度。第三代那些前辈要打算推你，肯定先把你的劲要出来，再推。这代人往后，根据社会的需要吧，在这一点上，逐渐有所改变。以后的好手，咱们知道的，像刘晚苍老师、李经梧先生、王培生先生，他们这一代人就偏于功夫。偏重于功夫、招法、速度，多了主动进攻。借力打力那个方法，看着就比上一代人少了一些，但功夫感觉是大了。

吴式拳门里的第三代人，我接触很多，这些老前辈推手都非常细腻，那真是分斤分两。那一代人是求精，真正按照拳论去找，到了第四代人，根据社会的变化，强调功力、胜负，胜负观念就强了，强调打手就发人，挨手就出去，所以那一代人表现出来功力比较强。推手就往这方面演变，发人的多了，拿人的多了，活步的多了，但是和人家结合得那么密切的少了。这个变化和社会大环境的变化有关系，大家都上班了，时间少了，学起来都急于求成，所以就偏向于追求招法、功力、活步。

在第三代的时候,绝对要劲路摸清了才打,也可以一接手就出去，但是他打的是那个力点。到第四代人，新中国成立后就偏于功力和招法，当然里头也要听劲，但是不如第三代那么“纯”，不是专门去找那个精确点。

到了我们第五代就更差了，经过了“文革”，继承老前辈那些东西的就越来越少。练下来的就是些“迷症”，好一辈子这个，也不转移了，像李和生、高壮飞，包括我也是，迷了一生。青年时利用业余时间，到各个老前辈家里去，去学习，去问，都干这个了。这么着，才算学习到点东西吧，但总体趋势是东西越来越少。

吴式第三代人强调的是，你练的必须绝对是太极拳的东西。那时候王子英先生经常说这话，你推的这个手，你和那个拳架子对得上号吗？现在没人讲这个问题了，架子是架子，推手是推手。有人就评论说，现在的太极拳架子和推手完全脱离了。过去强调，我用的一定都是太极拳里的东西。推手不是招法，而是研究那个劲。推手用的是哪个劲，拳里也是那个劲。

第三代都讲究定步推手，推一个晚上，脚步不带动一个韭菜叶的。只有定步，你才能体现出太极拳整体的劲来，软弹、惊弹、寸弹，才能使得很清楚。用活步的时候，用好了是“抖弹”，用不好就成了惯性的“拥力”。

吴式拳有一个特点，你 20 岁练的和你 80 岁练的，肯定拳架是不同的。杨家以教拳为业的多，所以拳架基本要准确，不能变。吴式拳中商业化的很少，关上门自娱自乐的多。所以拳架差别很大。但是变归变，内里的东西是一贯的，不变的。

比如，“南吴北王”一南一北，各有传承，几十年来变化不小，但内里的劲路照样合得上。

20 世纪 80 年代，开全国武术代表大会，老先生们说见一次面不容易，吴式拳门里一起吃顿饭。期间有一次聚会，有马岳梁、吴英华、刘晚苍、王培生、马金龙、李和生、李秉慈、翁福麒、杨鑫荣父子、王举兴、赵兴昆、梁秀珍和我等，总之都是吴门人。完了事到西单照相留念，等人的时候，我对马岳梁先生说，师爷您给我说说手吧。老先生的劲也特别好，和北京的手合得上，完全是内里的鼓荡劲。据说吴英华的功夫比马岳梁还好，不过很少出面。

吴家里头，杨禹廷、王子英、马岳梁、曹幼甫、张继之、李文杰这些都不错，这些都是去找精华，再后来，到我们老师这一代就是找功力了。所以后来，我们刘老师、李经梧、王培生就都是功夫

1982 年，吴式同门在京合影前排左起：李秉慈、刘晚苍、马岳梁、吴英华、王培生、杨禹廷长子、翁福麒，后排左起：李和生、王举兴、××× 退休干部、赵兴昆、梁秀珍、马长勋、宋兰平、杨鑫荣

了，功夫加招数。第四代人胜负观念比较强了。过去跟老先生们推手，推一会比站一个钟头桩舒服多了，把身上都“打透”了，现在这么推，大家都不舒服，慢慢就没人推了。

我不大在社会上活动，和外界接触得不多，我知道的吴式一门中，我这个年龄段的，有李和生、高壮飞。他们手上也达不到这个程度，手上有劲，但仍然是吴式太极这个东西。师兄弟们练的也不一样。赵德奉的手不错，他是我们师兄弟，老搭档。王举兴和赵兴昆就是功夫加力量，他们个子大，又有力量，弄这个太麻烦，他们就这个性格。

我这个功夫和上一辈的没法比，只能是“玩儿”，提高一个趣味性和艺术性。搭手就要制人，我既没有这个心气，也没有这个胜负的观念，就是玩，就是一个乐，自娱自乐。但是，我教拳教推手，都按照老先生们当年教我们的那样，定步推手，不乱推，不较劲。

总之，吴式太极拳，第一代是吴全佑，年头太远，无法臆测。第二代是最高峰，三代人评价第二代前辈，没有不佩服的，都称前辈“技高一筹”。同理，四代评价三代，五代评价四代，六代评价五代，也都是这个感觉。

这也不是谦虚，时代就这么变化了。当年王家父子广交朋友，家里都是高手高人，徒弟门人众多，要想提高技艺，没有这些高手“陪练”怎么能行呢？就算到了刘晚苍、王培生这些前辈，每天都有几十人过招。到我们第五代，就没有这些条件了，到你们第六代基本没有伴，盘拳多推手少，就是盘拳也没多少时间，更不用说拳论和拳架、推手的结合了。没办法，大家都要上班，养家糊口，这就是社会大环境的变化。我的功夫比我的老师差了一大截，我的学生比我又差了一截。功夫就这么慢慢没落了，这是大问题。我说这些都是大实话，没有褒贬别人的意思。

所以以我个人的观点，吴式拳现在普遍都在“力”的阶段，第四代则倾向于“功”，二三代人其中的翘楚“几近于道”，比较接近吧。

吴式拳打不了人?

有一种说法,“吴式太极拳打不了人”。我觉得,这个评论并不等于贬低吴式太极拳。

武术界是个是非之地,所谓文无第一,武无第二,好勇斗狠之徒较多。但吴式拳相对较少是非,这与吴式太极拳的旨趣有关,更与吴式太极拳传人的性格有关。比如创始人全佑先生,人就忠厚、厚道,从不论人长短,所以从这一门传下来的,都不议论武术界的长短是非,基本属于自娱自乐。

吴式拳惹事的很少,说些过头话的也很少,他们从根上就这么教育的。包括王子英先生,20 世纪 30 年代大江南北都公认的好手,人家都很少出来,轻易不到公园里,就在家里自己练,还有一些同门人到家去,就这一点,一般人都做不到。

太极拳本身练的是修养,技艺越高修养越高。别说让他真去打人,他的思维就厌烦这些东西。你打谁呀,是敌人吗?既然是武术,当然也有比有试,但比的是技巧,不是比谁狠。

太极拳来到北京以后,教的都是什么人啊?王公贵胄、贝子贝勒、文人学士。清朝完了以后,都是谁练太极拳啊?名人名士、资本家、大买卖的掌柜、大宅门的老爷太太这一类的，这些人难道要和别人打架吗？

北京藏龙卧虎，多少武术家啊，太极拳能站住脚，自然有他的道理。尚云祥多好的功夫，外号叫铁罗汉，到王茂斋先生家，人家俩老先生怎么不打架啊？我记得尚云祥之女出的一本书上记载有此事，他们是志同道合的好朋友。

老一辈人能坐下来研究，这是带了一个好头。一般说，师兄弟坐一块，你不服我，我不服你的都不少。人家就能坐下来，对一个东西反复推敲。这样，双方都有进步。

要说下工夫，王茂斋先生下得不小，据说他站桩的时候上朝阳门，那时候有城墙，在城墙的垛口上站桩，就是现在常见的无极桩。但是站桩都是养着练，不是傻练。杨禹廷先生也这么说起过。

王茂斋先生为了教习推手，家里铺的都是进口的瓷砖，每天用煤油擦得锃亮，跟镜子似的。一般人站都站不稳，推手你想较劲都使不出来，当年我去王家学拳的时候，就在这上面练推手。

因为他们研究得细，所以教出来的功夫也好。王茂斋先生教出来的这几把手：杨禹廷是大师兄，然后是李文杰、张继之、王子英，手都非常好，听劲都非常细腻，也比较文雅。他们那一代人推手，完全是结合太极拳论，绝没有强打硬要、撕拉扯拽，你看不出力量来。

我见到的就是王子英先生、李文杰先生、杨禹廷先生、张继之先生。他们四位功夫有大小，但推手有一个共同的特点，不是打得你稀里糊涂，而是非常清楚，都是打在你的劲一露头，很干净，被打的人也很舒服，感觉不出对方的力量，这路推手是非常妙的。不会出现一掌把你打出去的情况，他们用引手逗出你的劲，然后打你的劲，不是用力气。

为什么说吴式拳打不了人，或者说太极拳打不了人？主要是大家看太极拳无论盘拳还是推手，都软了普囊，毫不着力，有这种印象。其实，推手就是个“玩儿”，但是玩的里头有东西。

你比如说咱前头讲的王茂斋、王子英、刘晚苍老师他们的事迹，那也是“玩儿”出来的，但是你能说他不是真的吗？当年宝三、沈三的跤摔得多好，不也有人说是“活跤”，说是假的吗？难道宝三必须每天摔死俩才是真的？

再举个例子，这是我在日坛听李文杰先生讲的。当年吴式太极拳第三代中的赵铁庵先生，他是王茂斋先生的弟子，但是吴鉴泉先生也很喜欢他，他和李文杰先生一样，得到两家的真传。赵先生盘拳、推手最柔和，他当年在崇文门外顺城墙往西一拐的西月墙下面练拳，那儿很清静。

当时，有个在北京很有名气的拳师，因为靠卖馒头为生，人称“馒头郭”。练的是八卦掌，手上很有功夫，为了练功，转掌的时候，手腕上总是吊着一个大秤砣。他用的是500斤的大秤，秤砣应该有七八斤吧。他是掌柜，但是自己推着独轮车卖馒头。他卖馒头总是从赵先生练拳的地方经过，看着赵先生练拳推手，跟假的一样，有时候就说些风凉话。“馒头郭”是山东人，性格也比较“鲁”。有一天忍不住了，说你这是真的还是假的，我试试吧？他觉得凭自己的功夫，一掌就能把赵先生放倒。结果他跟赵先生一搭手，腕子一沉，照着赵先生小肚子一个掖掌。赵先生一吸腰一放松，“馒头郭”自己失重，“扑通”一下，自己手就扶在地上了。“馒头郭”自己觉得挂不住劲，嘟嘟囔囔说，你等着，明天约人再来什么的。但是后来也没有再来。

推手是假的，可是这里头有真东西啊。它就是这么一种练法，是一种练功的方法。赵先生可没有还手啊，只是引进落空，只是化了你一下，要是还手呢？当然我们不要去学好勇斗狠，要学这个技巧和智慧。

人家杨露禅当年在北京王府教拳，要是凭力气，王爷们会跟他学这个？当年在行里有这么句话：“不怕地，不怕天，就怕杨家的软十三。”软是软，软里头有东西。

太极拳要实战，得文武都练。我们现在教的都是文的练法。

我年轻的时候跟刘老师，那是硬砍实凿、真摔真打，经常被放出去两三丈，浑身上下都打出反应来了，打活了。

我们现在这样练,对不对？也对。但是武术界什么样的手法都有，真遇到一些“浑手”，你还真走不开。所以，不要轻易和不熟悉的人推手。人无害虎心，虎有伤人意。他推你个跟头都无所谓，要是受了内伤，你找谁诉冤去呀？

我个人是喜欢往细腻里去研究，所以我教的学生，都走的这个路子。但是，武术界太复杂，什么样的手法都有，有的也叫“推手”，

吴门旧照：左起李德印、李秉慈、刘晚苍、谢志奎、叶树勋、马长勋、刘高明

但是全凭力气和手法。碰到这样的，你得真练过。所以，要向这方面发展，你得在这方面搁点功夫。但是，我们推手绝对不能走这个路子。

我推手一辈子，没有人说我们推手野蛮的。有时候跟人推手，对方身上都是力量，咱也不动他，你推不走我就行了。有人推完说我“中定劲不错”，你费那么大劲，推不走我，能中定就不能发吗？大家心里有数就行了。

推手就是练功，是拿人练功，不是拿死东西练，不是让你打沙袋、踢桩子。王茂斋、王子英、赵铁庵，他们谁这么练了？

推手不是角力

推手不是角力。这话大家都知道，也都在讲，但讲的人是不是真的认可这句话，听的人是不是真的信服这句话，还真是不一定。

我认识的两个老先生，一辈子都没转过这个弯来。

我的一个朋友，就是一个例子。他是个工程师，非常喜欢太极拳。退休以后，到处去找名师学拳，北京好多教拳的老师，他都去学，但遗憾的是都没有深入进去。后来，有一次聊天，就提起来这些老先生们怎么教我，如何不让用力，要放松等。他说，你别听那些个，“他们现在都老了，让你放松他好推你呀！你要使劲，他还推得动吗？”他自尊心比较强，推手有点抢上斗胜，这个“劲”始终搁不下，所以最后也没有得着太极拳的真东西。像他这样既有文化，又如此喜爱太极拳的人，对太极拳的看法尚且如此，何况是年轻气盛的小伙子？所以，放松、轻灵这些东西确实不易让人接受。

在20世纪60年代，在刘老师这里练拳的还有一个爱好者，姓陈，天津口音，我们都叫他“天津陈”。他们祖辈都是在邮局工作，刚开始有邮局的时候，他们家就做这个工作。他们家保留了一套完整的大清时候的邮票，据说中国只有两套，国家一套，他们家一套。他们家很有钱，那时候我们都穿“劳动布”，他穿“毛哔叽”。他 60 岁出头，一米七几的个儿，满面红光，身体很好。“天津陈”酷爱太极拳和推手，就有个缺点，好论个输赢，争个上风。刘老师说过他好多次，告诉他别这样，否则容易招事，但是没引起他注意。我们也经常在一起玩，他急于求成，使大劲头子，非要把人整出去。

他学的人访的人很多，就爱好太极拳，除了刘晚苍老师，王培生先生、汪永泉先生、崔毅士先生、杨禹廷先生等他都去学过，几乎凡是有名家推手的地儿他都去学，学了就在各个公园找人家动手玩，就这个性格。后来我们再看见他，发现就没有这么好的气色了，一脸的灰气。他说心脏不好了，老带着治心脏病的药。得了这个病之后，不到一年就故去了。后来听他的一个好朋友“铁道马”说，他有一次在东单跟一个不知练什么拳的人推手，被人发出去了。发出去的时候，按的地方不好，正好按在心脏部位，心脏部位受了比较重的内伤，一年多的时间，就死在这个病上，非常可惜。

张三丰太极拳论上说：“欲天下豪杰延年益寿，不徒作技艺之末也。”王宗岳《太极十三势歌》中说：“详推用意终何在，益寿延年不老春。”太极拳不同于一般的武术，它着重于延年益寿，不能以武伤身。你非要逞强斗胜，必然对身体有损害。这两个人年岁又比较大，都 70 岁左右了，还这么练，对身体肯定不好。

拳论上一再强调用意不用力，你非要用力，对身体能好吗？这两个人都很有文化，就是性格问题。我始终尊重老先生，按照拳论，走轻灵路线。我身体不太好，这么练，好些毛病慢慢就消除了。其实并不神秘，人体有自我调节功能，你放松了，他才能够起作用。

刘老师教我练拳的时候，让我要稳要匀不要用力，他打了一个比方，这个比方非常好。他说，你们拿着一个饭盒，买了几个鸡蛋，放到饭盒里了。你使手托着，到家不会坏。假使你拿着饭盒，用手啪啪地拍，饭盒没毛病，里头的鸡蛋全坏了。太极拳也是这个道理，你稳稳地练，有益身心，你推过来搡过去，你里头必然要受伤。

不能把比赛当唯一目的

随着时代的变迁，群众口味也在变化，但对于太极拳和太极推手来说，则不能说是在进步。

拳论上讲推手四大病，顶瘪丢抗，现在也发展了，撕拉扯拽都出来了，反关节也出来了，擒拿也出来了，脚也上去了，这就跟过去不一样了。

任何事物都有一个演变过程，但这个演变我认为没有越演变越提高，可能技击方面提高了，但真正太极拳的内涵少了，不是让人越推越有兴趣。现在有人看了不敢练了。过去推手有多少人练啊，现在我看练的人是少了。过去的推手让人有兴趣，要是弄完了鼻青脸肿伤和气，谁来练它啊。

太极推手确实对健身、提高修养，都有独到的价值，有关部门也在挖掘整理，我希望这项运动别丢掉。但关键是，别因为要比赛，要拿金牌，就把推手变成“角力”“推车”，这就没有价值了。

其实很多运动都有中国自己独到的东西。包括中国式摔跤，这个东西也丢掉了，很可惜。有摔跤比赛，但是比赛的还是那个东西吗？区别太大了。现在比摔跤，全是比力气，过去摔跤也讲究“听劲”，那个摔跤你看不出用笨力气来。走对了脚步，稍微一动人就翻了个儿了。

一项运动的发展，不见得都要搞成比赛这一种形式，比赛和平常日子练，毕竟是有出入的。

过去，天桥有两个“好跤”的人，一个叫宝三,一个叫沈三。宝三原名宝善林，新中国成立后还有好多人都看过他。沈三可能故去得早一点，记不清了。你看宝三那个跤，不像一般人那样顶着脑袋满头大汗。人家也是随着你走，要哪儿跟你哪儿，顺着你的劲，借你的劲再进招，那跤摔得相当漂亮。你要给他弄一个生小伙子，不练摔跤那个，上去胡扯的，它就不是那个事。它不能包罗万象，但沈三、宝三表演那个摔跤，非常漂亮，非常吸引人，看了你就爱练。

但是现在，到了比赛场上，为了金牌，什么技巧都扔脑脖子后头去了。我也看过摔跤比赛，全是力气活了。最典型的是把俩胳膊跟打夯似的往那儿一夯，不让别人近身，很难看。

一项运动要发展，不要把比赛看成唯一的标准。应该多种形式并存，毕竟参加比赛的人是很少数。应该互相结合，表演赛也可以，技击的、拿金牌的又是一种形式，可以多方面进行。

比如一说推手比赛，说得最多的就是所谓真实性。但造成的最直接的后果就是俩人顶牛，甚至衣裳都扯了。这成了“真的”，过去的表演都成了“假的”。那么我们不禁要问一问，现在体校教的，表演最多的什么三节棍进枪、空手夺匕首，这是真的吗？这些能表演，为什么太极推手就不能表演呢？为什么中国式摔跤不能表演呢？这不是矛盾吗？起码不公平吧。你把推手说成是假的，三节棍进枪也是假的。为什么它能表演，太极推手就不能表演？况且太极推手还不是假的。

真假看你从哪个角度去定。比如我们听京剧，听的是京腔京韵，不是听大嗓门，比嗓门大不如听火车拉鼻儿。现在说全民健身，你不能说踢毽子好我们都踢毽。中国古老的东西对身体好的太多了，比如抖空竹、踢毽子、跳绳、踢球、打拳。这些都很好，跑步机健身，有多少人买得起啊，好几千块，楼房里你也不方便搁那玩意儿啊。打拳是现成的，不需要场地也不需要服装，也不用什么道具，何乐而不为呢？

旁观者不清

推手是自身的体会，不是让旁人看的。太极拳的内涵不是内行判断不出来。

看推手的人常说，这能健身吗？慢慢悠悠地这还健身呢？人家健身都举杠铃、跑步，你这摸鱼似的有什么用啊？但是太极拳不是让你看的，你要自己亲身去体会。推手更是如此，别人看着就不理解，80 多岁的老头手指头一点这人噔噔就出去了，这是假的。别说看的人不明白，就是练的人，你功夫不到这个时候，也不明白、看不懂。等你练到了这个程度，能接受了，才能明白。哦，这老先生手真好，我怎么一挨上就站不住啊。都说旁观者清，但对太极拳和太极推手来说，旁观者不清。

如果是李连杰拿起单刀，上下翻飞，大家肯定鼓掌，人家练得好，大家能看到。但太极拳就不行，你练得哪点好，大家看不到，再好的架子看上去都跟摸鱼差不多。外行看热闹，行家看门道。太极拳的门道，很难看出来。很多人搞了很多年太极都没搞懂，你让那个初练的或者不练的，让他们评价，那怎么能评价出东西来呢？

20 世纪五六十年代，那时候，北京每到天暖和一点，东单、西单、北海都有露天体育场，每年都举行很多次的武术专场表演。夏天的时候——冬天条件不好——在露天的体育场，一个太极专场，观众水泄不通。杨禹廷先生也去看，搬一个小板凳，挤在人群里伸着脑瓜看，这都是我见到的。那时候大家都爱好这个，门票也不贵，一毛钱。

还有内家拳专场，有太极八卦形意等。那时候请出来的有陈子江、骆兴武（形意）、崔毅士、王子英、杨禹廷、徐致一、吴图南等这些老前辈。还有尚云庸、王达三，年轻一点的有李秉慈、刘高明、宋志平、孙枫秋，这些是垫场的，后头是老前辈。先开始的时候是盘拳，一开始垫场子的是李秉慈和刘高明这些人，当时都是些年轻人，打打拳。再往下是孙枫秋、宋卫平这些中年人，走走大捋、活步推手。后半场都是老先生们，也是先盘拳，最后压轴的时候是推手，很受欢迎。

那时候，一个是欣赏，一个是能学东西，看一场老前辈的表演能提高自己的思路。如果一场比赛，揪过来扯过去，袖子也撕了，下了场还有俩人打起来的。这还看什么？现在娱乐项目太多了，这可能是一个原因，但娱乐项目是多了，可是爱好者总数量也多了啊。所以，还是想想推手自身是不是有问题吧。

不是专场的时候，基本也都有推手表演。各种体育比赛，比如工人体育项目等，到最后或多或少都有推手表演。后来不知怎么就刮出这个风来，说这些都是骗人的，都是假的，就把这一项给掐了。

1979 年，南宁全国武术观摩会，我和吉良辰表演的推手，那大概是最后一次，后来就再也没有这个规模的推手表演了。领导发话了，说这是老师骗学生，老师和学生联合起来骗观众，所以就没了。

我印象中最后一次表演，是在丰台，庆祝香港回归，让我去表演推手，我说身体不好就推辞了。既然你都说是假的，我干吗去骗人呢？我就让两个学生去表演。先是冯志强先生，然后是我的俩学生表演，我在观众席上坐着。观众说什么呢？“你看这俩人装得还挺像……”

所以这就不是给外行人看的东西。就跟过去讲乡下人到北京看戏一样的道理。一看《苏三起解》，老太太看得直掉眼泪，为什么呢？这小媳妇受了气了。第二出是《千里送京娘》，红脸大汉赵匡胤拿着棍子出来了，老太太说，你看，人家娘家哥哥来报仇来了。这就像刘姥姥进大观园，可是你能批评观众吗？

就是 20 世纪五六十年代的时候，外行也质疑，这不可能啊，怎么这一下就打出去好几丈？推手这个东西，内行也不见得看明白，外行的质疑也很正常。

老话讲，耳听为虚，眼见为实，眼见他也不相信，因为他明白不了。

但是那时候老先生们表演特别精彩，观众特别多。那时候练拳的也多，各个公园推手的也多。看表演，观摩，也确实能够提高技术。当你到了一定程度，你再看老先生这些手法，你就能借鉴。

推手正在失去内涵

从20世纪80年代，国家把推手列入了武术比赛项目，起初还有观众，慢慢就没有了。都是角力，但是又不是相扑不是摔跤，衣服也扯了，胳膊也青了，太极拳怎么能是这么个东西呢？后来，改过来改过去，都是在规则上改，不是真正培养好的运动员，方向也不明确。

他们当初定规则的时候，是在沈阳，我也参加了。第一次会议，第一条就是“尚巧不尚力”，结果哪有巧啊，都是力。严格讲，太极推手不是可以用来比赛的东西。武术里都讲究操手，光练套路不拆手，这技术上不去。比如少林拳打沙袋、踢桩子，或者俩人杠胳膊，这些都是基本功，为实战做准备。太极拳是用人练，无论是四正手、活步推手都是为实战打基础。

现在我们把操练的东西改成竞技，就做不成老先生们那些精彩的手法。加上有了胜负观念，要拿这牌那牌，生理心理都是紧张的。所以推手比赛搞到现在，将近30年了，不算成功，后果很严重。现在有人是怎么培养运动员呢，拿两轮小车装上石头，到沙地里头去推，练这个，完全违背了太极拳的拳理。

规则要改进的话，只有一个是合理的，就是按拳论定规则，按拳论培养运动员，真这样的话，也许还有点看头。现在很多大学都有太极拳这个专业，但很多教练都不懂太极拳。教出来就麻烦了。

1981 年在沈阳制定这个规则，1982 年在北京工人体育馆实验。散打也实验规则。当时，那么大的工人体育馆座无虚席，弄了几场之后，就没人看了。

推手作为一个健身项目来讲，有他独到的东西。没有这么安全的，没有这么文明的，更没有哲理这么深的。如果真能研究一下，在推广太极拳套路的同时，正确推广一下推手，男女老少都可以练，非常文雅、文明。如果强调技击，40 岁以上的人就没法练了。红烧肉是好吃，但是你不能一桌子都是红烧肉吧，上盘泡菜也不错吧，可是为什么就容不下一个太极推手这样一盘“泡菜”呢？

有许多老先生提出这个问题，比如重庆的张义敬先生，头一个提出这个问题，但是受到了很严重的围攻，这也是 20 多年前的事了。得罪不少人，后来有关领导出面才停止争论。其实他只不过把太极拳究竟是个什么东西，和现在做一个对比。解放后太极拳就一直在普及，里面的内涵却越来越少。国家花那么多钱，都去编套路改套路了，而不是去充实、研究套路中的内容。照这样下去，二起蹦子，360° 的跟斗都快出来了。

比如强调左右对称。古人不知道要对称吗？为什么没有右单鞭之类的动作呢？这跟我们身体的生理特点是有关系的。我们的心脏在左侧，所以左手的动作比较少，而右手的动作比较多，这都和我们的身体健康相关联。难道古人不知左右吗？你得分析古人的用意是什么。

推手必须有规矩，规矩必须按照老拳论走，你不按照拳论走，那不就乱套了？谈起规矩，就得看看太极拳的发展史，太极拳的起起落落和社会的影响很有关系。

比如杨露禅的年代，杨露禅、武禹襄、李亦畬他们是同一代人，对太极拳的传播和推广做了很大贡献。那是一个追求精益求精的年代，是一个高峰。他们教的对象，都是王公贝勒，耍胳膊跟弄笨力气的活人家也不练。这时候流传的故事，都可以体现这一点，比如杨露禅和董海川的故事。

到了第二代，技击方面有点突出了。杨露禅曾经批评杨班侯，你虽然赢了，但你袖子都撕了……流传的故事，比如万钧力和杨班侯的故事。万钧力贴榜找杨露禅比武，贴在石碑上，当时东四牌楼东边有个石碑。杨露禅不去，也不让孩子们去。杨班侯忍不住，骑了匹白马就去了。互相一报名，第一手杨班侯没占到便宜，第二手万钧力一掌拍到了石碑上，石碑都碎了。班侯化开一手，打了万钧力一掌，打到万钧力吐血，但是却为此遭到杨露禅的训斥。杨班侯、杨少侯注重技击，教的人就不多，因为教的时候真打，撑得住的人不多。杨建侯、杨澄甫不是这样，性格也好，他们按太极拳理去教，比较柔和，教的人很多。作为普通老百姓，没有必要整天搞技击吧。健身永远比技击更受欢迎。

从观众心理上讲，为什么刚开始观众这么多，到后来一角力就没有人看了呢？这不适合大家，只适合极少数人。

太极拳的第二个高潮应该是杨澄甫、吴鉴泉等这一代人。吴式太极拳到了刘老师、李经梧、王培生这一代人的时候，又慢慢偏于功夫，影响到现在，推手都是角力，正规的推手快没了。

过去公园里都有推手的，地坛公园四个角都有推手，我们刘晚苍老师、孙枫秋、孙德善、张敌寒、王荣堂、马月清、马汉清、鲍全福、吴彬芝、关秉公等，都在地坛。那时候打算学推手都去地坛，多有名啊，推的人多，老师也多。

那时候，老武术家坐在一块儿，没有那么多不和、意见。比如刘晚苍老师那儿，就有很多老武术家，马汉清、马月清、王荣堂、吴彬芝、鲍全福、张敌寒、刘谈风，还有练陈式的雷慕尼、孙枫秋、练形意的朱家爷几个，都到那个摊儿去。[①]大家一起推手，谈笑风生。

孙枫秋先生在景山公园立场子教拳，刘老师也常去，大家推手从来没红过脸。现在武术界是非太多，争斗太多，包括师兄弟之间。吴式拳讲究柔化，现在也不柔化了，也是受大环境影响。往前到第三代人，没有人强打硬要，都是听劲。就是强打硬要的时候，也得先问出你的劲之后再用。郭芬先生讲，输赢都没有关系，我输的是太极手。我输了，我输得心服；我赢了，是太极手赢的，赢的心安。

我们现在的推手，从 1981 年制定规则到现在，也搞了推手比赛，但是不能算成功吧。推手成了角力，已经逐渐失去太极拳的风格。所以现在比赛就那么几个人比，没几个观众。其实，真正的推手要作为全民健身活动来普及的话很有意思，它不伤人，又有内涵，有它的文化和哲理。技击是推手的一个方面，但不是主要的一个方面，不是主要追求的东西，要通过推手追求它的内涵。比如听劲，只有做得恰到好处，才能引人入胜。揪过来扯过去就没有味道了，不但挺累的，弄不好还闪腰扭胯的。

真正的太极推手练完了很舒服，又有内涵有哲理，又符合力学、心理学的科学解释。真作为全民健身去推广，是一件很有意义的事。太极推手不同于柔道、拳击、跆拳道等，这些都有比较强的局限性，就是对练功者身体素质要求较高，青年人可以，壮年人也可以，但老年人就不合适了，身体不适合。但太极推手就不是了。马岳梁 96 岁了，杨禹廷 90 多岁，都还推手，这些都有录像为证。

这是我们中国的文化，中国的哲学，应当继承发扬。

---

① 本书涉及人名具体写法难以核实，或许有个别错误，敬请谅解。

20世纪80年代，马长勋老师在北海公园向温铭三（右）先生学习推手

一个省一个市，练推手打比赛的，也就是固定的那么几个青年人。现在都到什么程度了？推手都练到拿小车推石头了，到软地上，练推车。这个拳论上有吗？这么训练运动员，那还叫推手吗？

推手练习技术，不是玩命，当然碰上拦路抢劫之类的是另一回事。有了推手比赛，就有了胜负观念，这就影响了很大一部分年轻人，以拿金牌为目的。按说，推手并没有正式的比赛，到现在都是在实验规则阶段。这样尚且如此，真有了正式比赛，还不知道会发展到什么程度。

当年杨露禅也没有金牌，吴鉴泉也没有段位。推手比赛不成功，因为没有他的特点，看力气大看相扑多好啊，看拽人可以去看摔跤，看角力可以去看散打，干什么去看俩人推手呢？没有特色的东西就站不住。

“武艺”的境界

武术这个东西，要是你真练好了，别说练的人，就是看的人，对他的身体都有好处。因为你在看，也能调动起你的神和气来。这里有一段故事，我觉得很有道理。这是我的一个老师——鲍全福先生讲的，是一件实事，要不说也就没人说了。

鲍全福是纪子修先生的弟子，修养、技巧各方面都很好，也是刘晚苍老师的老朋友，他们俩老在一块儿。这老先生也是一辈子喜欢太极拳和推手。他文化底子很深，见多识广。他在观察推手当中发现，好手推着舒服，别人看着也舒服。两个人一顶一茬，看的人也憋气。由此，他想起来这段故事。

这段故事也登过报，是当年天桥宝三宝善林的故事。当年的跤场，快收场的时候，末一场是宝善林亲自出场，也是人最多的时候。宝善林出场只摔三跤，这时候也是敛钱最多的时候，观众特别多。

有段时间，每到这个钟点，都有一位白髯老者，领着一个十五六岁的孩子，每天必来。每次宝善林的跤摔完，老头给的钱都比别人多。拿现在来说，比如人家扔一块钱，老头扔五块、十块。天长日久，就引起宝善林先生注意了。

有一天，老先生又来的时候，宝善林先生就把两人让到里面。他那儿有一个茶桌，就让他们坐下看。看完跤，老头还是扔下钱就走。日子长了，一天，宝善林先生就说，老先生您留步，不知老先生为何对我如此偏爱呢？您是爱好摔跤啊还是想让孩子学艺啊？

老头说，其实我不爱好这个，我也不会摔跤，我是教书的，文人，对武艺一窍不通。

那您为什么天天来看呢，是您的小孙子喜欢这个？或者您打算培养他这个？

“也不是。”大家正纳闷，老头说，我看你摔跤是为给这个孩子治病。

宝善林先生更不解了，这看摔跤怎么能治病呢？

老头说能，我这个孩子得的是肺痨，现在说叫肺结核，扎针吃药也不管用，不见好。为什么看你的跤呢？你的跤不较劲，非常顺，我们看着看着心气也跟着顺了。我这孩子自打看你的跤以来，身体越来越好，看完了舒服。看那些较劲的我们也堵得慌，那就不行了。

就这么看了半年多，这孩子就完全康复了。老先生还专程来感谢一次，然后就不再来了。

好武术家的武艺，就有这本事，观看的人都受益。你要顶得大汗直流，看的人都憋得慌。这都是实话。你看足球，你看着看着你的脚都会不由自主地踢出去。你看进去的时候，双方的神、意、气都能合拍，就能互动，你顺了，大家都顺，你不顺，大家都倒霉。

你看中国的武术，包括中国式摔跤，你走到这个境界的时候，就能起到很大的好作用。

最初听这个故事，我也不太理解，当笑话一听就完了。现在自己练来练去，咱不说自己技术好了，至少比以前有进步，就体会出这个东西来了。

什么叫“养”？什么叫“伤”？推手推合了，两个人都是养，一较劲，两败俱伤，伤神、伤气、伤身体。你要到了王子英、郝家俊、杨禹廷、马岳梁先生他们那一代那个程度，对身心健康绝对是有好处。你搞成角力、招数，这些对身体最终都是伤的。郑曼青先生总结过：善发者不寿。经常发人，都会对自己产生不利影响，都是一种消耗。

我们发人为什么多用“软弹劲”呢，因为它不伤。一点你的本能力不出，人出去之后，一两丈远，深吸一口气，有补无伤。这叫打人会打，挨打会挨。推手也讲和谐，不要仅仅看成你胜我负的比赛，才能双赢。你一直胜，胜来胜去你身体垮了就没意义了。

咱不是练太极的就说太极好，其实过去老先生们，真学到里面的东西的时候，都是一个理，这叫“一以贯之”。我见过陈子江先生练拳，那时候他也上地坛，他打形意，但不像一般人打的那个明劲，他打的形意就跟太极拳一样，甚至比太极都柔和。他一点儿明劲没有，但功夫非常好，推手也非常好，享年 90 多岁。

这都是几十年前听的故事，现在想起来，真是有它的道理。其实京剧也一样，为什么杨宝森先生那么受欢迎，他的腔、调都那么顺，绕梁三日；程砚秋也一样。有的名家虽然嗓子好，但是听过后累得慌。

当然这些都是艺术的范畴，武术过去叫武艺，也是从“术”进到“艺”的高度了。武术，其实就是武的“艺术”，要对得起这俩字。

一个“拳”字误一生

太极推手虽小，但是包含的理大。

道可道，非常道，太极拳也是拳，但不是我们一般看到的那个拳。一个拳字，容易给人一种误解，仅仅把它当成一种武术。武术就是打，就是技击，就是胜负，这是一种错觉。太极拳是性命双修的功夫，修养身心，提高人的修养。老武术家，真正了解了太极拳的人，修养都非常高，性情都非常柔和，待人接物各方面都很好。很有代表性的，你看马岳梁、杨禹廷，这些老前辈 90 多岁了还都乐乐呵呵的，我们去问一个问题，他们能反过来倒过去地给你讲，让你搞清楚。这些都让后人受益匪浅。

有这么一个故事，是他们从网上摘下来说给我听的，据说是真人真事，上头也有名字。这故事发生在外地，年头我忘记了。大意是山东一个拳师到某地点名找当地一个很有名的拳师比武，这老武师当时已经 80 多岁了，说我岁数大了，你要比就跟一些年轻人玩一玩比一比吧。这些年轻的徒弟还真不是这位山东武师的对手，最后还要跟老拳师比试，老头也有点挂不住，最后就比了。最后动了真格的，把山东武师给打死了，自己也累得够呛，扶着树就没气了。

我就想，如果我们练武就练出这么一个结局，那么我们练他干嘛呢？被人打死？自己累死？练武的下场就这个吗？这是有人记载下来的，没有记载的其实很多。你看现在电视上的擂台，都跟拼命似的，头上也打，要害也踹，这并不符合中国文化的精神。你看戏里唱的，关黄对刀，黄忠马失前蹄，关羽不杀黄忠，杀了不仗义；换马再战，黄忠箭射盔缨，回报关羽。这些都体现了一种修养、一种文化传承。

那么比赛怎么比，比什么呢？这要看你规则怎么定。比技击可以比，比技术技巧也可以比。比如中国式摔跤，摔倒了就完了，太极推手步动了也就可以了，当然还能再观察一些手法。关键是规则怎么定。你要规定推出圈就算赢，那他就像推小车那样往外推呗。

温铭三先生（右）教马长勋早期弟子推手旧照

口传身授

刘老师过去经常讲:文,要口传心授;武,要口传身授。为什么呢?理论讲得再好，你不和老师一起推手，不能真正了解太极拳。

不捧不压地说,吴家的东西,我就学了点皮毛。王子英先生那手,简直就是“神”了。我们刘老师的手，是快，方法多，打得你五迷三道蒙灯转向就出去了，一接手就出去。

老师和你推手，就是最好的“教”。关键是推的时候，你能不能吸收这些东西。这很科学，劲路的变化、感受，必须通过身体的实践,才能了解和掌握。然后,和理论结合,才能算入门。书看的再多,没有和老师接触推手，什么叫听劲，什么叫懂劲，什么叫气宜鼓荡,什么叫力由脊发，什么叫其根在脚……还是弄不明白。从字义上的理解和身体上的接触，差别很大，有些东西是用语言说不清楚的。

比如“时间差”（出劲和被对方发的时间差），究竟是差多少?必须在和老师推手的过程中才能理解。所以教学方法很重要。第三代、第四代，为什么出了那么多高手？跟教学方法有很大关系。

比如杨禹廷、吴图南、马岳梁、曹幼甫、王子英他们这些人,人才济济。教学方法就很重要，一个是教法，一个是练法。为什么以后就出不来这些高手了呢？方法上，急于求成了。打轮没兴趣了。到五六代连轮都不打了，直接就上手了。

其实古人已经把方法都交给后人了，就是“拳论”。拳论是最好的教材，我们练什么不练什么，注意什么，什么是毛病，拳论上都讲得很清楚。

比如“有力打无力，手慢让手快”，这些都讲了吧？这些都是“自然之能”，非关学力而有为。这些讲得多清楚，包括行功路线都给你说了——其根在脚，发于腿，主宰于腰，形于手指，这是我们应该遵循的。为什么不说形于两臂啊？可是你看有几个能形于手指的啊？形于手指是非常高层次的东西，到这一步变化就多了。胳膊是两个，手指是十个，真到形于手指，可想而知那技术精深到何种程度了。其实能用到两臂，用到两肱的时候，这手就已经相当得高了，你再把十个手指头利用上，你想想。

刘老师讲，十个手指头就像弹钢琴一样，哪个手指都有用。刘老师说得出来，也做得出来。

刘老师教拳的方法比较“实在”。不谈过多的理论，大原则告诉你，关键靠你自已练，推手他是天天跟你推，拳你是必须天天盘。现在大家都是“问”，我手怎么着，腰怎么着，腿怎么着……老师就说……。刘老师不是这样，一句话——别问！他把大原则讲完，你要问些不沾边的，他就告诉你，别问，现在告诉你，你也不懂。练去吧，到时候你就懂了。他的原话是：你多会儿练“通”了，全都懂了。一点也不错，真是这么个道理。

王子英先生讲究“开窍”，刘老师讲究“练通”，其实是一个道理。我是过来人，我就按照老师说的，这么天天练。但是，这要按方法练，“苦练”可不行。现在很多人都“苦练”，杀大势子练，苦练能练出什么来呢？练来练去，把腿都练坏了。练太极拳一定要注意这个问题，否则到老年，腿全坏。很多练拳的，七八十岁的，五六十岁的，腿全毁了。为什么呢？这都不是科学地练拳。你势子特别低，把关节都损坏了，包括我在内，到老年腿都不灵。第三代我接触的老先生没有这么练的，可是那时候不懂啊，后来“赶时髦”，也练低势子，就这么练坏了。不是有这种说法吗，所谓上中下三盘，这么练，结果你到 60 来岁，气血一不够，腿就找着你了。

所以，这个观点一定要转变，要总结。本来是为了锻炼身体，结果反而把腿练坏了，不合适吧。

顶牛角力，也是伤身体。盘拳势子过低，坏关节。这些要引以为戒。过去有些老先生也练坏了，老先生不知道吗？不是，是不好说。自己练了一辈子，还把腿练坏了，好意思说吗？忍着不言语。咱们要科学地看，你练了一辈子，要科学地总结给后人看。受益的是哪一点，没受益甚至受害的是哪一点，要警告后人。

温铭三先生（右）指导马长勋早期弟子旧照

我实践了几十年，太极拳健身吗？确实健身，但是你要搞不好，也能伤身。俩人推手顶牛角力，伤筋又伤气，弄不好还伤关节，心情也不愉快。

所以，推手不要角力，不要争胜负。势子不要过低，过低并不能出功夫，只是肌肉发达，不会出灵敏，不会出太极劲。

太极拳不是个力气活，势子低，无非就是“走”，走化的多，顶的劲更大一点，无非如此。绝对不会练出什么寸弹劲，相反，弹不了啦，滞了。这就像拉弓，拉满了射得才远，但你拉满了还接着拉，就没有弹性了，说不定就折了。年轻人为了表演，偶尔为之可以，但引以为日常，就不行了。

盘拳以什么姿势为准，以舒适为准。气要顺，不要疲劳。练完出很多汗，这并不出功夫，相反还受伤。外行看了，觉得这个人真有功夫，这么大岁数，势子还这么低。但是人嘴两张皮，怎么说都行。等你练坏了，人家还说，早知道你这么练就要出毛病。

我们不是练给别人看的，不要让外行的评论影响自己。

太极拳要向世界推广，合适了，是给全世界人民造福；要不合适，那是给世界人民遭罪。既然要推广，咱们自己就要负责。

推手“三规”

吴式拳推手有一个规定的方法，也算是经验之谈吧。

一、平手研究，你给[①]我化，我给你化；

二、高手说手，教学相长；

三、给学生要“喂手”，不能打起来没完。不如别人的时候，不跟人玩命，否则挨打。

这是三种方法。

王子英先生、刘晚苍老师经常讲这样的话：你明知道不如人家，你还跟他顶，你不是找亏吃吗？不如虚心学习，你还能学点东西。平手不能互相撕巴，要互相交流心得，俩人都能提高。对那些不如你的，刘老师说：“你也不能逮着蛤蟆攥出尿来啊。”“你得教人家，不能光摔。”刘老师给我们做手，我们没明白的，能一直做好几遍。刘老师为人朴实，话不多，特别实在。

本能不好克服，比如俩人推手研究，挺好，要是旁边站俩看热闹的，立马就变了。都要面子啊，有胜负观了，有人没人就不一样了。

按常规的理，只能常规地练。太极拳要练好，一定不能用常规

---

① 给，指做手、给劲。

的理和常规的方法。苦练不行，傻练不行，常规的练也不行，力上加功也不行，多弄方法也不行。

过去老先生讲："形无形，意无意，无意之中是真意。"什么意思？练的完全是纯自然了。这就是"为学日益，为道日损，损之又损，复归于无为"。也有说，复归于无极的。宋书铭的东西高，现在都批判。实际那时候，许禹生、吴鉴泉、刘彩臣、纪子修都上人家那里，称学生，跟他学。这些人都是傻子吗？所以宋书铭的拳论和别的拳论不一样，很深。比如《授秘歌》：无形无相，全身透空，应物自然，西山悬磬……掌握了太极拳就是性命双修，太极拳就是道家的东西，《授秘歌》就是最高层次的太极拳，是最高的拳论。他讲的几个主宰，几个宾辅，都非常实在。

过去老先生常讲，推手输赢都不怕，我赢了，我知道用什么赢的，是不是太极手，这个心里得明白。输给对方了，也没关系，我输的是不是太极手，是不是太极劲，这个也得明白。那时候是把技术作为一个衡量标准。你上去一个愣小伙，把老头推个趔趄，你能说他太极好吗？什么事都得有一个理在那儿搁着。所以杨禹廷先生常讲，我们练拳就练一个字——理。

推手就怕遇上"浑手"。就是不清楚太极拳的道理，力大心狠，好勇斗狠。这个"浑手"，不是骂人，就是不纯正的意思。那一代人最讲究"纯太极"，我这里头没有其他的拳的手法，讲纯化。所以那一代人讲究精益求精，完全按照拳理走，按道家的理论走，现在偏向技击，能打，不管怎么打，胜负更重要。这样就比较"粗"了。

拳论是一个整体

太极拳拳论很重要，看拳论要全面地看，拳论是一个整体。现在很多人都是从字义上逐句地讲解，这样就支离破碎了。

比如“人刚我柔谓之走”，人刚你也刚，这不就是双重了吗？顶了吗？一顶就是大力胜小力，就不符合以小力破大力、以柔克刚的理论。太极拳的理论没有一个空洞的，当你真练到那一步，都懂了的时候，你会发现它都是很实际的东西，没有什么虚词、修饰语，它都是古人练功时的心得，身上体会出来的东西。你身上没有，很难看明白它的真正含义。

比如王宗岳先生讲的“由招熟渐悟懂劲，由懂劲而阶及神明”，这是推手的几个阶段。从道理上讲，完全符合逻辑。比如推手，我就练一个掤，今天我用30斤的劲，明天还是，等我用熟了，脑子就活了，我能不能加点别的方法？这就是招熟以后，把它分解，用最省劲的、最有效的办法。这样，逐渐就能找到对方来手的速度、机会、力点，自己身上如何放松，如何从脚底把力传过去等。这样由量变到质变，这就是由招熟渐悟懂劲。

所以练拳要有悟性，不能会一个掤我就老用，别人一活你就掤不上了，需要随机应变，这就是渐悟懂劲。懂劲后，由初懂到真懂，再到熟练运用，阶及神明。比如初懂的时候，对方10斤劲我才能知道，再推一阵儿，对方来5斤劲我就知道了，再提高了，对方半斤劲我都听出来了，再好点稍微有点劲我就清楚。所以懂劲也分高中低，等你以后真明白了，把这个道理都清楚了，把“为什么这样”也搞清楚了，那就到了“神明”阶段了。这并不神秘，这是熟练以后的质变，你来手我接上就是这个劲，正合适，正打上我需要的这个力、这个点。看起来挺神秘，其实完全符合科学。

所谓“神明”不是我坐在这儿一想对方就出去了，不是这样。推手是力学和心理学的结合，力的大小、速度、角度，都能用科学方法说清楚。

比如刚练的时候都是直劲，直对直，等提高了，斜对直，直劲就不好使了。这就总结出来“直来斜走”“方来圆化”，就不是“直来直去”了，这就提高了。

太极拳艺无止境，你把这个原理弄清楚了，你到90多岁也能推，推出来还能非常漂亮，这在别人看来是不可能的，但对真正搞这个的人来说，是完全可能的。

读拳论不能抠字眼，要有师传，要有身证。你“得不着”这句话，靠看书去抠字意，就会走弯路。

比如王宗岳先生说“虚领顶劲，气沉丹田，不偏不倚，忽隐忽现”，这句话如果是没有真明白的人给你讲，或者你看书就找不着东西。

“顶”是什么，现在都说是头顶，基本都是这么解释的。“虚领顶劲”实际指的是推手的接触点，把这个点虚虚地领起来，轻轻地粘着对方。这个顶是接触点，不是头顶。指脑袋的时候叫“顶头悬”，“顶头悬”要和“含胸拔背”这四个字结合起来，提顶吊裆，含胸拔背，沉肩坠肘……这是身法那一部分。

“虚领顶劲，气沉丹田，不偏不倚，忽隐忽现”，这句话指的是推手，仰之则弥高，俯之则弥深。这里的关键是推手接触的那个“顶点”要虚、要松、要轻、要灵，这样才能听劲，才能人不知我，我独知人。只有真正搞懂了这些个含义，才能指导我们练功的方向。但是，真要搞懂这个，没有名师的指点不行。

王宗岳先生讲“牵动四两拨千斤”（打手歌），一个很重的物体，你把他摇动了以后才能“走”。比如过去的大酒缸，你搬是搬不动的，你左摇右晃使它晃动起来，就可以把他“赶走”，这里头就是“牵动”。推手也一样，“牵动”就是把对方的“根”给牵动了，这才好走，不能强打硬要。人是个“活物”，他比“死物”更容易牵动。有的拳论上写“四两拨动八千斤”，很霸气，但不通。没有牵动，拨不起来。所以，都是拳论，你得分析着看。现在有的拳论把太极拳说得玄之又玄，脱离科学，不是那么回事。

理论的东西不能错，理论一错，你练起来就南辕北辙了。

宋书铭有一句话：“猴头永不抛，问尽天下众英豪。”关键是这个后一句太要命了。这个“猴头”都解释成了“喉头”“喉结”，“永不抛”就成了含着下巴，这能问尽天下众英豪吗？赵子龙不懂这个？关云长不懂这个？你收着下巴颏，那刀就砍不着你脑袋了？这不是笑话吗？

这个“猴头”，属于隐语，“猴头永不抛”，也是指自己的劲，也就是跟人搭手的接触点，过去用隐语，不给你说明了。为什么比喻成“猴头”呢？那猴子头是外露的。杨禹廷先生给我解释过这个，不抛，就是不“抛露”。你看猴子不长寿，猴子老是那个劲，叫“猴顶云”，精神都露出去了。老先生还学过那个动作，意思是要含蓄不露。搭上手，我很轻很灵，不抛露出去，不暴露，对方就无法了解我，你一露头我就拿住了。这是它的真含义。这个道理书上很少有解释清楚的，都写作“喉头”。

以人练拳

练太极拳教学方法很重要。为什么王先生教的这几个徒弟手都那么好，都那么灵，听劲都那么准确，这和老师的教学方法分不开。

我后来问张继之先生，他们为什么都练得那么精，为什么现在很难练出来？他说过去王家教拳，盘架子、“打轮”得三年。三年了，如果你还弄不懂这轮，就不给你说手。等你上下都随和了，内外也都合了，王茂斋先生才说“劲”。这时候你身上具备那个条件了，效果才好。而且要有对儿，没有对儿，不能俩人合着练，怎么能练出来这个劲呢？上去就撕，能撕出高低来吗？

在王家，绝对不允许你这么撕拉扯拽，上来就必须规规矩矩打轮儿，比如说粘连黏随，粘不住怎么办呢？一开始练单搭手，没办法，先用手绢或者猴皮筋把两个人的腕子绑在一起，前进后退。等能粘上了，俩人能合了，再练彼不动己不动，甲方不推，乙方不退。然后再往下练，这么练三年。要是这中间有推人的，被王茂斋老先生看见，老先生就说，你不用学了，可以走了，你都可以推人了，不用练了。王家生活很随意，管饭还带酒喝，但教学很严格。

太极推手是用人练，所以必须有合适的伴儿。当年李文杰和王子英是一对，曹幼甫和杨禹廷是一对，张继之和谁是一对我忘了。

这就像你要练足球，先要有一个球，气要足，要合适，才能练出来。假如你给踢足球的来个石头球，他还能练吗？所以球要合适。给个皮球，没打气也不行，没法练。练乒乓球更是要有好的伴儿，好的陪练，从各种角度给你这个球，你才能练出来。推手也是一样的道理。两个人配合，才能找到各种劲。要是上来两个人就撕拉扯拽，练一辈子也是笨力气，出不来技巧。

其实这个道理人人都懂，关键是很难克服。这其中就有一个面子问题，都想着赢对方，要占上风，没技术就比力气，比手快。这和真正的推手相差十万八千里。

现在就是这样，到一块儿就撕，没有技术还打算赢，没有技术又怕输，搡啊、拽啊、揪啊，这些后天本能的东西就都出来了。这些东西不用练都有，这样练也不会提高技术。

过去讲太极拳要有太极拳的东西。有些人打轮的时候，四正手里头抽冷子给人一下子，要是让王茂斋先生看见，当时就得走人，“你功夫练成了，你可以出师了，走吧，明儿别来了。”这个问题非常严肃，谁也不敢。说打轮就规规矩矩打轮，到时候一说劲，半年一年的，这个劲就出来了，所以那一代人出了很多好手。

练拳有一定的程序，现在刚一练架子俩人就推手，推手就论输赢，拿胳膊就拽，对着胸脯子就推，这不用练。你要说技术，就要拿拳论作为尺子。要我说，技术好的，就是控制本能控制得好。很多人练不出来，练了半天还是力气，这就是没克服后天本能。而王子英、杨禹廷这一代人练拳，都是先克服本能，后练太极拳的劲，有这套程序。等以后呢，什么本能不本能啊，就不谈这个了。上来就招呼，所以后一代人的手就比较粗了。但是也有功夫，也有手法，只是精细的味道差些。

这种演变和时代变化有关。新中国成立后都要上班工作，你教人打三年轮,四年再说劲,谁有耐心呢？这也是为了适合当时的情况，就改变了一些练法。这样一来，师生手法上追求一个快，所以就放宽了，就没有那种精细的手法了。更重要的是时代变了，老师也不能像过去那样严厉了。时代变了，理也随之改变，相应的结果就不得不变了。

守住中定往开打

“守住中定往开打”，这是杨露禅先生在一次离京之前，传给吴全佑先生的一句话，吴全佑先生由此开悟。这句话显然很重要，但是武术界现在对这句话有很多误解。比如，什么是“打”，很多人理解为技击。实际上，他说这句话的核心，也是讲的盘拳、推手，当然也包括技击。

比如我们练太极拳，也叫“打拳”，打了几趟拳，这里打拳，就是练拳的意思。“守住中定往开打”，其实就是守住中定，往开了练。

练拳也要守住中定，姿势要开展，推手也是一样，守住中定，姿势要开展，大开大展，大虚大实，大松大柔，大无大空。不是一说打，就是打人。不是这个问题，不是这么简单的问题。什么是真传，这句话就是真传。这句话很简练，但真能做到可不简单。

比如“守住中定”，怎么才能守住中定？“中定”在什么地方？你要不能把全身完全松开松透，身上松开松无，你就谈不到“中定”。功夫练不到的，往往容易误解：你都没了，你还有中定吗？对，非得身上空了没了，才有中定。

你完全松开了，皮肉筋骨、五脏六腑全都松开，松来松去，你本来的劲并没有消失，而是全部松到你脚下。太极拳要求不用力。不用力，你本来的力并没有消失，只不过是由分散在全身，集中到了你的脚下。

打个比方，我们天天练拳，天天放松，你练的功，是你的收获，脚底下就是仓库，每天的收益都往仓库里头收。你的功夫越纯，你的收获越大，你仓库里头的东西越多。到推手的时候，或者是真遇到事情的时候交手，那时候的力量从哪儿来的呢，从脚下来。所以拳论上讲，“其根在脚，发于腿，主宰于腰，形于手指”。这个手指，也不是完全指的手指头，为什么说“形于手指”呢？因为手指最灵。对方推手推到我们那个点，那个接触点就像手指那么“灵”。“问”到什么地儿，什么地儿给你答复。手一接触对方，信息就传到脚下，由脚下再返回来到这个接触点上，或者拿，或者化，或者走，或者变。所以《乱环诀》里头说：“陷敌深入乱环内，四两千斤着法成。”“欲知环中法何在，发落点对便成功。”你脚底下没根，没有中定的力，你就是“空乱环”，就是连揪带扯，那不叫“乱环”。

太极是圆环无端。所谓“圆环”，就是周身无处不太极，非一寸没有环，非一寸没有圆。这个“圆”，大也叫圆，中也叫圆，小也叫圆。过去老先生们讲，“我的功夫就是黄豆粒那么大的圆”，比他功夫再好的，人家的那个圆就像绿豆那么大，意思是这个“圆”越小，这个劲就越精。所以有这么句话：大动不如小动，小动不如不动。他不是真的不动，他是由脚底下传到这个点上的“内动”，你在外形上看不见他的“动”。这就是：“形无形、意无意，无意之中是真意。”这就叫“自然”，自然反应。

过去有句话：“球头鼓，球碰壁。”这就是“守住中定往开打”的原因。这不是玄说，我见过的三代人，他们推手都是这个劲，走得集中、走得小，弹性非常准确，推出干净漂亮，双方都非常舒服，又养生又练功。现在这个技术太少见了，有些老师也带着学生上网表演，也走不出这个劲。不用把推手简单地看成：我能把人推出去搡出去，我能把人用反关节撅出去。这也可以叫功夫，但是功夫和功夫不同，我们要攀高峰。

传说当年杨班侯问他的父亲杨露禅，父亲的功夫能到什么程度？杨露禅先生说，如果真要按太极拳的高峰来说，太极十三势如果是一个十三层的宝塔，我抬高了自己说，我练到了七层。王子英先生当年也问过他父亲王茂斋，说您的功夫炉火纯青……王茂斋先生说可不是这么回事，他说，太极拳这三个字，就在前门楼子上面挂着呢，我练的这个功夫，刚到了马道拐弯的时候，没真正看见太极拳三个字。

老先生们这话，是谦虚，也不是谦虚。太极拳是艺无止境，我是过来人，我见过两代老前辈，加上我自己的实践，只要路子走对了，推手的路子走对了，盘拳的路子也走对了，这两者结合在一起，你再有好的伴儿去练，你的进步永无止境。

我回忆自己练拳，原来也是力，也是这么过来的。慢慢地，听老先生们反复讲，看拳论，自己再慢慢实践，这么一步一步，慢慢找到了这个东西。再教学生，教学相长，这才慢慢积累了这么点东西。

我接待日本代表团 20 年，当初咱们没有录像，他们有，从 20 年前到现在，都有录像。后来人家把这 20 年的录像给我了，你可以看到这 20 年里，一年一个小变化，三年一个大变化。现在我走的，完全是手上和脚上的结合，这个“小劲”算练出来了，确实不容易。这得自己不断总结。

拳练得好坏，这里有个尺度，这个尺度就是你自己。比如你练完拳两个小时，你身上都很轻松很美，那就是说，太极拳比如是

12 成，你就练对了一成了。你要整天都这么舒服，那就说明你太极拳上身了。说明太极拳的东西，到你身上了，你身上起了变化了。如果 24 小时都这么舒服，就做到了行动坐卧走，无时不带功。

你推手练成了什么样呢？就是周身无处不太极。你行动坐卧走，别人碰上，自然就会有反应。真上了身，越练越有兴趣，让你停你都停不下来。

所以，练太极拳师承很重要。这个师承不是形式，是指你要找到真正明白的老师。"入门引路须口授"，入门引路引错了，你练一辈子也练不出来。你自己要善于总结，不能"傻练"。走得开展不开展很重要，开展了以后你用什么劲，是意是虚是空是无啊？层次要分清。

有个很关键的，气归到丹田要自然。不压不努，让他通过放松，不调而自调，完全自然地下去，这才是真正太极拳的丹田。是自然的沉，而不是有意识的沉。五脏都松开了，不提着了。脚底下也不要五趾抓地啊，入地三尺啊，你能入地三尺吗？真正松开，自然就到脚上了。不要扯五行啊，八卦啊，越搞越复杂。

还有些拳种是后来教拳的时候为丰富内容而增加的，比如"快拳"，原来没有。当然打拳也不是越慢越好，一定要自自然然。

开　手

传统的太极推手，有一定的规矩套路，不能脱开这些框框。现在吴式拳普遍采用了“开手”的方法，也就是搭手即推，不一定非要在四正手、大捋这些规定动作中找。据我所知，这个先例是吴鉴泉和王茂斋二老开的先河。

开手推以后，就放宽了技术使用的范围。过去老的推手，主要就是定步四正手，活步的叫“五步二人抢”，后来这个也叫“进三退三”，还有大捋，主要就是这些。在这些“套路”中，发劲也行，化劲也行，但是不能离开四手。吴鉴泉和王茂斋先生研究这个推手的时候，觉得手散开之后更容易发挥技巧，于是就开了这个先河，以至于影响到了全社会。

新中国成立后的一段时间，杨式拳的推手还都是四正手，开开手就叫散手或散打。开手之后，人家打你没脾气，就是这规矩。你开开手，我不知道你开手干什么，我就可以进招了。老方法就是这么定的。但是，在研究探讨的时候，还是在“轮”里研究。

老方法难免受局限，即使是活步也不行，大捋也就是采挒肘靠那几下。手拆开以后，东西就太多了，肩肘手腰膝胯的技巧都可以用上了。像惊弹抖擞、寸弹等这些方法都可以用上。如果限制在四手里头，就很难打出这路劲来。

双重与虚实

我在王家这些年，学了不少东西，也明白了很多道理。现在很多人写书，从字义上去解释太极拳的各种理论。这种东西当然是仁者见仁智者见智，你是这样一个体会，他是那样一个体会。但真理只有一个，往往你认为你的体会很对，但是实际上背道而驰了，自己还不知道。你拿这错误的东西去写书去讲课，就会误导别人。

王子英先生在家话不多，但点得透。比如双重问题，王子英先生的解释是，所谓“双重”，就是推手时候“顶”，俩人顶劲儿了叫双重。现在书上把这个双重说得非常神秘，比如俩脚不能同时用力，甚至俩手不能同时一个方向之类，其实这和双重毫无关系。双重就是顶，俩人都用劲了就叫双重，双重则滞。所以拳论上说：“每见数年纯功不能运化者，率皆自为人制，双重之病未悟耳。”俩人顶牛，两人都使劲，我一撒手你趴下了，这叫“失重”，但这可不是“引进落空”。

太极拳讲究听劲问劲，你得找这个力点。比如你上去就用劲，对方不用劲，这叫单重，这一去就暴露自己了，人家稍明白的，你就受制。人不知我，我独知人，你要不明白这个道理，一搭手，主动进攻，盲目用力，人家稍比你懂你就受制。双方都不懂就顶劲，是为双重。“欲去此病，须知阴阳”，阴阳就是虚实，不能蛮干，要“问”清楚，人刚我要柔，你顺对方才背，这个道理你明白了，慢慢就明白其中的技巧了。

为什么讲阴阳相济，而不是绝对“分清阴阳”。阴阳相济，不用时我站在那里非常舒服，用不着两脚分清虚实，这就叫阴阳相济。用的时候随机应变,得用刚就用刚,得用柔就用柔,用的得当就叫“懂劲”。懂劲就是你自己明白了,你练到身上了。懂劲不是懂对方的劲。懂对方的劲叫听劲，我在王家的时候人家是这么给解释的。

现在说“双重”这两个字，一般都用在盘拳上，指双手双脚如何如何。你要在自己身上找所谓“双重”，最后就滞了。太极拳离不开正常的生活，比如我们走路，一走路就有虚实，而且是过渡的虚实，不是僵死的虚实。按照那种说法，你都不能两条腿使力，但是都搁到一条腿上,那不成蹦了吗？就滞了,僵死了。两条腿多灵活啊。现在把“双重则滞”这句话看那么重，按那种说法，人身上就不要长两条腿了，都一条腿蹦算了。

但是现在不在推手上找“双重”“虚实”，都在架子上找。盘拳的时候一条腿吃力,结果把腿练坏了的特别多。还有的姿势弄得很低,说越低越出功夫。实际上，势子越低就越僵，越出不来功夫。他说出的所谓功夫，实际就是力量，甚至是“铁板桥”之类的。这些距离“大动不如小动，小动不如不动”，那就差之毫厘，谬之千里。

大多数练太极的,都误在“舍近求远”上了。你从太极往无极练,这是近路，你从太极往两仪、四象、八卦、六十四卦这个方向去练，越练越复杂，越练离道越远。

这些人所谓的“意”，实际还是力；所谓的“神”，都是“漏”。看着挺精神，但是是形于外。太极拳练的神、意、气，是元神、元气、元意，真意、真神、真气。俩眼滴流乱转，这叫“视神”；呼吸气叫“凡气”；而“真意”就得往里走了，这得自己体会。你凭想象说我这个意放出去三尺、三丈，甚至凌空劲，不是那么回事。

“用意不用力”，这个“用意”，是用意去调节内里的东西，用意还要听，体会里面的感觉，用意调整气，体会他的感觉。等到了高层，意也不用了，气也不用了，完全用神了。神是元神，不是视神。这都是内在的东西，看不见，摸不着，但他确实存在。

这必须亲身实践，你如果身法不到，怎么说你也不会明白。

你只能按照放松，一步一步地走。功夫不亏人，到时候这些东西都能表现出来。你瞎琢磨没有用，有形有相的力，都是做出来的，也就是个抖劲，还是力气，他不属于弹性力。

阴阳相济

太极拳讲阴阳，讲的是阴阳相济，阴阳相济才能灵活。该用阳用阳，该用阴用阴，不是绝对地像阴阳鱼那样摆在那里。阴阳鱼也是动的，“阴不离阳，阳不离阴，阴中有阳，阳中有阴，阴阳相济，方为动静”，阴阳是互相渗透的。

太极拳的运动是完全符合哲理的，符合道的，一阴一阳谓之道。太极拳练到最后是以虚空为本。

拳论上讲的阴阳相济，我用阴，不露就是阴，露就是阳。所以柔多刚少，有意柔无意刚，练的都是松柔。刚是松柔到一定程度，自己发出来就是刚，不是人为地半柔半刚。

李文杰先生讲过：“寓于阴阳，分为动静；贯串两极，融汇一炉。”这几句话非常好。这阴阳是一个比喻，是为了说清问题。一动一静相互为根，听劲不也是这个道理吗？一动一静，听对方的动，你得用静去听；贯串两极，就是虚之极和实之极，实之极就是柔之始，柔之极就是实之始。融汇一炉，才能随机应变，随机而动。如果你太极拳柔得空洞无物，那这个柔也就没有价值了；非常刚，没有柔了，也没有价值，必须恰到好处。

现在有不少书上把这个观点套在拳架子上，说一个拳架中几分柔几分刚。通过我见过的老前辈来看，当然咱见识的也不多，就是本门的几个老先生，这个不能分几成刚几成柔，而要贯串两极，融汇一炉。刚柔在我用，该我用几成的时候用几成，不用的时候就是零，柔就柔到家，用的时候，是刹那间的变化。

如果你盘拳的时候也搞几成刚几成柔，那么你到底是刚还是柔呢？这种劲“不净”，不净的劲用起来就出问题。比如你这次化人或发人需要七成柔劲，可是你练成五刚五柔了，就化不了也发不了。这种劲就练机械了，成了死劲。为什么太极拳叫太极呢？极就是极限，柔之极和刚之极，融汇一炉，灵活运用。现在有些书这么写，有人这么说，大多是从字面上理解出来的，没见过实际操作的时候应该是什么样，所以就自己理解成这样了。

还有句话：“太极拳不在样式而在气势，不在外形而在内。”这句话强调的是，太极拳是内在的东西，但是被曲解得很厉害。比如，既然不在样式，那就不注重外形了。“而在气势”，那我就意念放出三丈，我的身子多高，缩小到多小……这都是曲解。

吴式拳对此的要求是“形神并茂”，外形搞不好，还谈什么内在呢？这是一个整体，你非有一个圆满的，开合准确、舒展大方的外形，里头气魄才大。

内外要相合，以内为主。就像你没有骨骼的支撑，你拿人、发力用什么拿，用什么发呢？所以，筋骨是“阳动”，皮肉是“阴动”。不给对方手的时候，完全松开，让他摸不着劲，这就是阴，以阴接手，等里头的劲发出来，让对方同样感觉不出来，这就是阳动。这就是虚实的变化。

松慢圆匀

太极拳是过去修道的一个手段。咱们讲北京城不是宣武就是崇文，过去的人不是习武就是学文，这就是两种手段，通过习武的手段一样可以了解中国文化。文武是一笔，是一个山的南北坡。

修道要以《老子》为本。老子讲“为学日益，为道日损”，其实练太极拳就是“扔”，也就是损之又损的“损”，扔掉的是本能，是后天本能，回归的是先天本能。先天本能是不需要逻辑思维的，不需要后天的力。通过站桩，扔掉后天的本能，扔干净了，无中生有，再生出来的“妙有”，就是先天。

太极拳的核心就是一个“松”，但一般对此都怀疑，或者半信半疑，或者嘴上说松，心里耍小聪明。

太极拳难练，就是因为要走这一步，克服本能是最难的。你不把本能克服净了，后头那个生不出来。这和道家的功法是一样的，“神是性兮气是命，神不外驰气自定。”（《灵源大道歌》）神不外驰，真能做到，就是回到先天的本能了。定不下来，就是后天的本能。所以“心猿意马最难收”。我们练太极拳，松难，静更难，因为它要“动中求静”，还要“静中求动”，比单纯求静又难了一层。拳论上讲“视动犹静”“视静犹动”。你看他在动，在盘拳，但他里头要求静，你看他很静，但你又不能碰，一碰他就有反应，静中又有动。这是个辩证的关系，很不容易练。

你要带着本能的力，前面讲的“视动犹静”“视静犹动”，就很难出来了。这是从“匀”里出来的东西，太极拳讲究“松、慢、圆、匀”，这个“匀”非常深，不是我动作匀了就是匀了，不是的。这个“匀”，是渗透，很难形容得那么清楚。

一般讲匀，就是动作慢，速度一致，再好点讲手脚相合，当然也包括这个，但真正的“匀”是：神、意、气、体无时不在，蓄而后发，但是又没有发，这个蓄又没有形。这很难形容，比如练好了，身上非一寸不是太极，挨哪儿哪有，这不“匀”行吗？这是个综合的东西。所以不能小看了拳论上一个字，含义很深。

但是太极拳还有句话，“松而不懈”。什么是不懈呢？不懈的不是力，是意，就是时刻保持警惕性，挨哪儿哪儿还，碰哪儿哪儿有。这就是“周身无处不太极”。古人怕你还不明白，后面又加了一句：“非一寸不太极。”这一寸里头还能出十个小劲呢。

这些小劲我在王子英先生、杨禹廷先生、李文杰先生、张继之先生身上都体验过。过去“老哥仨”当中的郭芬先生讲过一句话：太极推手赢也好，输也好，要问一句：我输了，我输的是什么劲？输的是太极劲，人家的手比我好，我心服口服；我赢了，我用的什么方法赢的，是不是太极拳的劲？是太极拳的劲，我赢了高兴，要不是太极拳的劲，赢了得自己检讨。

过去我跟老先生们推手，他们都这样。我跟师爷李文杰先生推手，我的劲走对了，师爷就说：“我输了。”我说您怎么输了，您没动啊？他说，为什么说我输了呢？你的这个劲是从脚底下上来的，你拿住我的“中”了，我的劲没下去，所以我就输了。假如说你推我，我这个劲下去再返回去，那我就赢了。这才是太极的东西。人家可是师爷，人家把这个面子搁下了吧。再来一次，我被拿住了，老先生一乐："你输了吧？"我心里明镜一样，是输了。为什么呢？我再弄就勉强了，就顶着劲了。

但是，一般人都在追求"劲"，练出了"劲"大家都舍不得放下，不光是普通人放不下，就是很有成就的人也难以放下。比如李经梧先生。

李经梧先生和王子英先生交往最多，从 1953 年就和王子英先生交往。他原来住西单，在那儿有个百货店，为了学拳，为了和王先生近点，到了什锦花园和孙枫秋做油布生意。只要从北戴河回来，就常在王家，我去了几乎都能碰见他。但是，看他后来的录像，王家的手法不多了，可能是受了其他家的影响。

李经梧先生 80 大寿那年，北京去了不少人贺寿。做寿的时候，李经梧说，我好（喜好）了几十年这个（太极拳），要说这个劲的巧妙，还得是吴家的劲。这是我听翁福麒说的，他参加了。

有一年中秋节，我大概记得是中秋节，我们在王家。我那时候年轻，负责沏茶倒水。王子英先生对李经梧说，咱们都喝点酒，你把你的能耐都拿出来，我看看怎么样。我们一听就高兴了，有热闹看了。桌子收拾好，就开始推手。

李经梧先生拳都带着气，哼哈二气都用上了，可想而知那力度、速度。可是让王先生打得在屋里乒啪乱蹦。最后王先生的评价是——总算没白练。刚说完，一眼看见温铭三了，于是叹气说："铭三啊铭三，你呀，聪明反被聪明误！你从小就在这儿长大，别说练，看，你都应该看会了！"温铭三师叔赶紧说："二叔您别说了，我太笨，我招您生气了……"那天晚上，孙博彦等都在。

第二天，李经梧先生回北戴河上班。他走之后，我们在王家的时候，王子英先生说，他（李经梧）手上要是没有那个“劲”，他的手还能更好。

可人都是这样，好不容易练出来那个劲，他舍不得也放不下。

再者，有些名家推手进步插裆，一下子把人摺倒，王子英先生绝对不会有这种手法。他问出来的劲非常巧妙，推着舒服，看着也舒服。进步插裆这种打法很容易就把人打坏了，当然那种手法实战也许是个优点。健身找劲，玩的是个乐趣，实战是另外一个东西。

过去推手讲究定步推手，过去王家培养出来的，都是这个规矩。杨禹廷、曹幼甫……这些第三代的人，推手都是这个规矩，没有插裆、撤步、揪拽这些动作，那时候找的是“精”，后来找的是“功”。

有个著名武术家在武汉长春观，打了半趟街也没占到便宜。当时，他和一个卖菜的说岔了，就动了手，抄了家伙，人家抡了扁担。人家玩了命，一个老农，他也没占到便宜。别说是大活人，就是一个小猫玩了命，你也弄不住它。我们练的是武艺，不是玩命，当然真打仗是另一回事了。

中正安舒

拳论上讲“中正安舒”，这个“中”，不是说外形上我们站多直，就叫中、正，那样人不就僵化了吗?

太极拳要求，一举动周身俱要轻灵，在变化当中，怎么体会“中正安舒”呢?太极拳是个圆周运动，是立体的，像圆球，圆环无端，内里是阴阳二气。就是不管我身法怎么动，从外形上歪斜仰俯也好，怎么着也不丢“中”。

就像一个圆球在地上滚动，它是一个立体的圆，不管它滚到哪儿，它都是一个圆，顶、底、中，三点一线，这才是太极拳中正的本意(不是所谓“三尖相照”)。并不是一个动作我腰摆得倍儿直，那不符合太极拳轻、灵、圆、活的原则。

能婴儿乎？

太极拳非常奥妙，既要轻灵，又不能丢掉中正安舒。两方面互相牵制，你才能理解，古人编排这个拳的时候，总结了多方面的东西。

太极拳是悟道的阶梯，这么说也不过分。你要真正理解太极拳，不仅要看老拳论，还要看很多经典的古籍。

比如老子讲："专气致柔，能婴儿乎？"太极拳就练的这个。健康得像小婴儿那个柔，那个刚，那个气遍全身，包括他那时候的思想，那是太极拳的东西。不过一百天的小婴儿，你摸他的脚，他不"跑"，他顶着你的手走，那个顶就是不丢不顶的那个顶。你往里去他往外有劲。你拿他的小手，他往里揪你，你推他他往外推你。他可没练太极拳，我们练太极拳的倒练不出这个劲来，为什么？你后天的本能没撤净，先天的东西出不来。这些东西练出来了，太极拳的听劲、懂劲、发人、化劲……就完全相合了。

你看小婴儿，你用手摸他的脑袋，他脖子还没长牢呢，他就能顶着你的手走。你推他的肚子，你推哪儿，气就鼓到哪儿。你仔细观察，你比如推他肚子的左边，一会右边就瘪了，呼呼呼，左边就鼓起来了。你推心口，他都能上这儿来。

太极拳为什么让你放松呢，完全是为了恢复自然的东西。你可以体会一下，不过100天大的健康的小孩抓你手指是个什么劲，那就是个整劲。

立如平准

我找两个高人都没找到，一个是关亨九，一个是舒玉清。

关亨九讲“太极无拳论”，字不多，很有启发。看了文章以后，我打算跟他学习学习，去了三次，没找到地儿。当时说西直门外展览馆附近有一个关帝庙，关帝庙后有一个胡同，去了三回也没找到，怎么找就没找到这个关帝庙。

舒玉清和吴子镇（公仪）两个人是发小，也是小学同学，跟吴家在一个院住，似乎还沾点亲，听说他的东西不错，住在盆儿胡同，在武定侯街附近，跑了好几趟，也没找着。那儿有俩胡同，一个叫大盆儿，一个叫小盆儿，到那一问，都说没这么个人。

另外碰到一个高人，是姚继祖先生。

姚先生练的是武式太极拳，是李逊之的学生，也很有文化。有一年，我去邢台开太极拳国际交流会，有幸见到了姚先生。大概是1995年，北京去了几个人，有我、孙剑云、曹宪章、肖景林等。参观完太和堂、武禹襄故居、杨露禅故居，又凭吊了他们的墓地，那是广平府，他们家乡。

我们坐的是大轿车，很多人。参观完我上了车，往下一看，来了一个老者，气色很好，精气神也很好，另有一个年轻人跟着他。我一看，觉得这个人不俗。我们的车停在一个坡道上，我赶紧下车，他还没到坡道那儿。我就顾不得冒昧，与他打招呼说，老先生您身体可真好，您是不是当地人啊？他说是啊，我就是广平人。我说您是不是姚老？他很惊讶，说你怎么认识我啊？其实我不认识，我就是看他那个气魄，练过太极拳的人身上没有平常人那种拙劲，又是当地人，所以猜得不错。

老先生很惊讶。我赶紧自我介绍，我说我是北京来的，早就听过您的大名，功夫好……我们边说边走。我们走上坡，上坡就是我坐的那辆车，他还往后走。我说您往哪儿去？他说找他自己的那辆车。我说您甭找了，您就上这辆车吧。我就让他坐在我的座位上，我在边上站着。这时候车回邢台，我们就聊了一路。他也是来参加这次活动的，于是问了他在邢台住哪个宾馆，然后晚上去拜访。

跟他这么一聊，于是就发现拳论上有些词句流传中有讹误，他的解释让我明白了不少东西。后来就和老先生搭搭手，听听他的劲儿，跟吴式太极拳的劲儿完全相合，不是力气，听得非常准，非常轻灵，劲儿也很“小”，没有揪啊扯啊这些笨劲儿。功夫大小单说，他和王家这些细腻的劲儿完全相合。

他跟我讲了几个要点，都非常关键。比如什么叫“立如平准”，现在都解释成“秤”，天秤。他说不是，他认为这是指的水平仪，叫“平准”。他当时给我画了一张图，这个东西，无论你给他扒拉到哪儿，他的那个水珠都在中间。这个东西不是农村那种简陋的水平仪，把木头挖一个槽倒上水，就行了。他这个东西是十字的，无论你360° 转到哪个地方，那个水珠都在中间。现在解释成天秤，也有一定道理，但实际上，平准，他指的是这么一个东西。这个解释无疑更准确更高明。

他还讲到外界流传的拳谱的错误。比如，“意在精神不在气，在气则滞”，他说他师爷传下来的手抄本是“意在蓄神不在气，在气则滞”，一字之差，谬之千里。“精神”是露于外，“蓄神”是含于内。这些地方不解决，糊涂一辈子。

还有，“如物将掀起，而加以挫之力……”这些抄来抄去变成了“将物掀起”，意思差别太大了。原意是对方本身就要掀起的时候，你打一个空档，现在变成了自己去“掀起”对方，就成了笨力气了。要不怎么说和老前辈聊天长学问呢？你照着错误的拳论去练，越练越出不来。

我们在邢台待了好几天。第二天我又去拜访，这次他讲了一个故事，对我们后人推手很有启发。我听了之后，也有不少提高。

他讲过一个李亦畬先生的故事。李亦畬先生是个文人，出身书香门第。个头不算高，体格不算雄伟，但功夫很好。当年有一个镖师，体格很壮，路过永年县。在永年打尖，来拜访李亦畬先生。那个年头，做镖师的要拜访某人，只能趁打尖休息的空当，不能放着镖不管。镖师说，您的大名我早就如雷贯耳，听了一辈子太极拳，没见过，就想见见。

李先生说太极拳没什么好看，也不漂亮，也没有蹿蹦跳跃，也没有花哨的拳脚，所以你要看，真没有什么好看的。你要了解太极拳，你就得打我。镖师说，您岁数比我大，个头又小，又小又老，我把您打坏了怎么办？于理不合，不能打。李先生说，那你就白来了，看不着了。镖师说，我想看啊。李先生说，想看就打我……

镖师一看，不打真就白来了，于是就进招了。进招也就使四五成的劲，双方无冤无仇，初次见面，向人请教，把人打坏了怎么办？使个四五成的劲，一般人也就被打出去了，伤不了。但一挨李先生，他自己就出去了。李先生说，你功夫没拿出来啊，你看不着真正的太极拳。镖师说，有点意思。这次加到六七成劲儿，这一下自己出去的比上次还远。李先生说，你还是没把功夫都拿出来，你还是看不着太极拳真正的东西。

镖师说，我看你身体、功夫还真好，这次来真的。于是铆足了劲来了一拳。李先生用了一个“舔劲”，也就是一接他的手，借力往上一掀，镖师双脚离地，斜着给打到墙上去了。脑袋撞墙上了，摔下来就晕了。把李先生吓一跳，赶紧给他盘上腿，摩挲前胸拍打后背，半天醒过来长出一口气，说，我终于知道什么是太极拳了。

他说李先生惯用这种手法，还有前滚手，后翻手……他的前滚手更厉害，他一接手，不是拿他的劲接你的劲，你来你的，他一接过来有一个往下的摔劲，把人像钉子一样钉在那儿。我们一起演习过这个劲，很好使，也很好玩。

所以和老先生们聊这些能开阔思路。

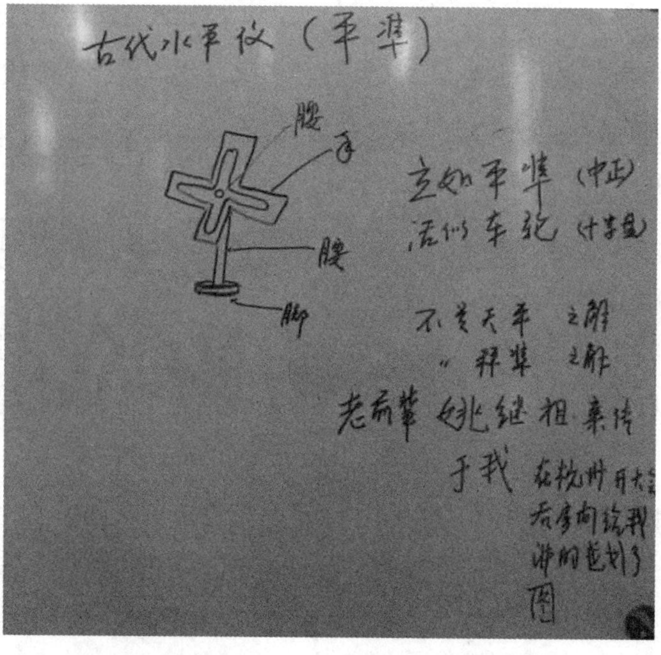

马长勋老师在 2013 年接待日本太极拳代表团时，亲自画的平准仪

换　力

练太极拳讲究换力，这个力换得越干净，手就越高。真正的推手不用后天有形有相的拙力，包括掤捋挤按这些，要把所有的笨劲、滞劲都得换掉。什么时候算换过劲来了呢，完全是条件反射，不经后天意识的雕琢。不是对方手来了，我去想想怎么掤啊，捋啊，他一接手自然就出这个东西。

拳论上讲，人不知我，我独知人，力从人借，舍己从人这些，都讲了好多问题。什么叫“人不知我”？就是摸不出反作用力，没有痕迹。我挨上你，我就知道你这个劲从哪儿出，是怎么回事。听劲是听这个东西，是听“劲路”。对方打过来我反回去，这只是初步的听劲，到了高层次的听劲，拳论上讲了，是用意，再后来连意也不用，“由招熟而渐悟懂劲，由懂劲而阶及神明。”到了“神明”阶段，就可以随心所欲。怎么用都合适，那个时候力才算换净了。不仅是劲，包括后天的观念、胜负，都得换没了。什么掤捋挤按都不用。所谓艺无止境，就是这样。

太极拳历代高手不少，但换力能不能换得“净”，绝对是一个衡量尺度，换得越净，手法越高，境界越高，动作越小，威力越大，发出人去越干脆。只要带着你原来的劲，他就“肉”。

现在是怎么流传的？不仅不换力，他还在这个力上加功，力上加上方法，撅一下弄一下的，不仅没有克服本力，还去加工这个笨力气。所以，这样就出不来过去老前辈那些功夫。

之所以这样，一是方法问题，二是态度问题，急于求成。在王家推手，谁也不敢胡来，老师也不允许，现在一推手就争胜负，就用力气。

过去先盘架子，还要推很长时间的四正手，就是为了去除僵力，培养这个上下相随、内外相合、周身一家的高度的协调性，现在谁还有这个耐心？都是争胜负，没有人去“练”。没练几天，不是怕输就是打算赢人，于是只能“呛”上。这就不叫太极拳。

站　桩

基本功要练，无极桩就是培养松，培养静，不是练肌肉。现在一练站桩就练得人胳膊疼腿疼，不是那样。你练得腿直哆嗦，好像有功夫了，可是这和太极拳没有关系。

太极拳不是“苦练”就能练出来的。“一举动周身俱要轻灵”，这和你站大马步桩有什么关系？你那样练，长的是腿上的肌肉和力量，这个力量推手的时候可不好使，它不“灵”。因此，方法错了，弄一辈子也弄不出来。所以，你看人家王家教拳，有个三五年就出来了，就是不走弯路。

先站桩，目的是把自己身上协调一致，然后再说劲就好办了。懂了这个,才知道盘拳怎么盘。否则盘拳找不到这个“核心”,没有用。

无极桩，你就怎么舒服怎么站。一个是舒服，一个是要把自己身上的气调顺了。呼吸不用管他，把身上调舒服了，周身协调一致了就好了。慢慢地松来松去，脚底下就有东西了，然后和“接触点”一合，推手就是这个东西。

站来站去,周身的劲都松到脚上去了,身上越站越空,越站越轻。松来松去，人就剩俩脚掌在这儿了，这个东西你就得着了。

但是你脚底下这个东西，要能到你手上去。你一碰，你脚掌上这个东西就像通电似的接上了，都是脚底下的东西，不是局部在瞎撞。很简单，不复杂。难就难在改变我们的习惯，改变我们的常规练法。

关键就是“松”，什么丹田气啊，都不用管他，你真松开了，气也就下去了。筋骨皮肉、五脏六腑、大脑皮层都让他放松。

松可不容易，这里学问大了。你躺床上就是松吗？你松得下来吗？你感觉离开床了，才是松了。练法既不复杂也不神，就是吃功夫。

“其根在脚”，你脚底下必须有东西，你脚底下没根，你要“发于腿，主宰于腰，形于手指”，你“形”不了，完全就是胳膊劲。脚底下有根了，把脚底下的劲运到手指上，就是太极拳了。所谓太极不用手，用手就不是太极拳。表现在手上，是一个点，必须把脚底下反应到这里来。

如果是你坐在这里，脚上不合适了，没法用劲了，这个东西就到臀部上了，换个发力点。搭手的时候，手就是个支撑，不丢不顶。手上再有变化，力点就千变万化了。

这套程序是这样，你要练上身也确实不容易。但你要按规矩，有好伴练，也不是那么难。你撕拉扯拽，练了 20 年没练出来，实际上你这 20 年就没练太极，南辕北辙了。你什么时候都“空”了，你功夫就“满”了。

所谓整劲，是个虚整劲，他不是一个死桩子，他用的时候，是我的力加上你的力，俩打一个。所以，这个力道比我自己的体重大吧。你来他就等你，你不来，你松我也松。加上点小玩意小技巧，就“活”了。杨禹廷先生、王子英先生这些小劲实在妙极了，和他们推手，比你吃涮羊肉什么的都过瘾。

无极桩站多长时间？以舒适为准。你站 10 分钟，站通了，站舒服了，10 分钟就合适，越站技巧越高，感觉越深。一般要站好的话，要 40 分钟到一个钟头。你要真得着这个东西了,就无所谓站不站了。你身上都形成这个习惯了。

所以我们练太极拳，练站桩，要用到我们生活当中，包括太极拳对我们修养情操的要求、乐观的精神，这些都是从放松中获得的。要把他们融汇到我们日常生活中，行动坐卧走、吃喝拉撒睡都是这个东西。

真到了这个境界，你连拳都无所谓盘不盘。你上了身，一动就是“这个”。练上身了，你走着路也就练了。走路也是练。推手等于盘拳，等于站桩，反过来也一样，盘架子也等于推手等于站桩，站桩也等于盘架子也等于推手。

坐飞机上能打拳吗？你就坐在座位上，你“默拳”就行了。你默拳，身上就能出盘拳的感觉。

当年，杨禹廷先生就每天默拳。我上他家去，师奶说了，你坐在那儿别说话，等你师爷默完拳再说。杨先生躺着默拳，老太太要不说,我还以为老先生在那儿睡觉呢。师爷盖着毛巾被,侧着身睡觉,挺安稳。实际他在练拳呢！这个时候，你要按他一下，你保证就飞出去了。当然，来个愣头青的大小伙子死摁也未必灵。这是合手劲，合了才有这种感知。它是一种劲路，不练是不会明白的。

玄关窍开

太极拳练不出来，不会学是一个方面，教拳的方法也很重要。

张继之先生讲，王家教学主要就是打轮，规规矩矩打轮，到了一定程度，王茂斋先生开始讲劲。王子英先生 18 岁懂劲，算是家传吧。张继之先生学了三年，20 岁懂劲。不是说太极十年不出门吗？其实主要还是教学方法问题。

现在都是迎合学拳的心理，学个半年，刀枪剑棍，都会了。过去，学完了拳架子，“打轮”要打很长很长的时间，把身上的劲都给打“合”了，粘连黏随，不是说的，真得做出来，把身上的劲路都改变了。上下协调，内外相合，条件具备了，才给你讲“劲”。这样肯定就快了。现在你们身上哪儿哪儿都不合，胳膊硬的掰都掰不动。

太极拳难就难在克服这个后天本能。我们练拳推手，都是在扔后天本能的东西，过去老先生叫“丢”，就是把你的僵劲、笨劲、滞劲、胜负心、身上的死肉都丢掉。后天的本能去掉之后，出来的是先天的本能。这本来是身上就有的东西，为什么出不来呢？这些后天的东西把它埋进去了。拨开云雾见青天，这就是练太极拳。

一般练拳，我怎么把我的力气再增加点，速度再快点，招法再多一点。这些大家都看得见，容易接受。太极拳也没有多少套路，太极拳就这一趟。原来在团结湖公园，一个老拳师就说我，一年365天就练这一趟拳，你烦不烦呢！你看我这一百多趟……都是武术，差别就这么大。

现在几乎所有太极拳，推手和盘拳都脱节。有人就写文章说推手和盘拳是两码事。要真是两码事，古人为什么还练拳呢？

太极拳一共37个招式，用这37个招式可以练成全身无处不太极，需要用这37个动作去培养。

我在跟刘晚苍老师学习的时候，我被批评得最多。我一问，老师就说，我跟你说你也不懂，你就自己去练，放松着练，练着练着你就练通了，练通了你就懂了。

我们老师是山东人，说话就是实在。话简单，却是千真万确的真理，盘拳盘着盘着自己就明白了。

盘拳的时候，慢慢就懂了劲路，懂了劲路的变化，真懂了的时候，脑子里头嘎呗嘎呗响。发现了一个劲的时候，就嘎呗嘎呗响。越练知道得越多，慢慢由招数就知道里头的劲了。捋的时候就不光是一个捋了，捋的时候，肩是怎么回事，肘是怎么回事，胯和肩是怎么回事……慢慢就出这个东西了。这是自己出的，但你得天天盘，这是拳的开窍。

推手的开窍呢？我头一次开窍是这么开的。为什么对方顶劲？为什么你一问劲，对方就赶紧呛上？他一呛，你这一去，正合适！头一次开窍，找的就是这个。

那次是跟赵德库推手，我师弟的二哥，比你还高还壮，车工，练摔跤的，也有劲。头一次，在地坛，我们碰上了，一推手，一碰就呛上了？为什么？找着这个为什么了，我就专门找这个，他说你怎么一下子手就长了……他为什么顶？因为你问着他中心了。他要赶紧调整，不就出劲了吗？他刚一调整的时候，我的劲就去了，打个正着。

头一次开窍，就找的是这么个劲。越练越熟，从第一个又发现第二个、第三个……开一次窍，提高一次。

站桩也是一样啊，你站着站着，突然明白一个，这么才能静。站了一阵，又起变化了，这个静对吗？静可能是这样的……这样慢慢就提高了。也是量变到质变。

所谓“玄关窍开”，也是一种感觉，但是和刚才说的“开窍”不是一回事。比如你练拳，你光练松了，练协调了，气都下去了，手也练出感觉了，一步一个样。你真练到玄关一窍到你拳架子里了，那你这拳就高了，那个时候你的感受就完全变了。

“全身透空，无形无相”不是空话，现在人批评这句话讲得太玄，那是你功夫没到。一点都不玄，那个时候，身体犹如悬空一般，人家说出来，是因为人家身上做出这个东西来了。你功夫到了这个程度，就是这个感受。突然感觉到骨头肉都没了，我的胳膊怎么在半空飘着走啊……真出这个东西。

杨禹廷先生练到他那个份儿，小劲推得那么妙，你看他的拳架子，你看他的照片都能看出来，他那个神态已经出来了，你留意一下他的脚，脚底下都松开了，你可以拿别人的照片比一下。

现在的某些名家，出的书、光盘，东西很多吧，你把他们和杨禹廷、杨澄甫、吴鉴泉的照片对比看一下就能比较出差距来了。人家老前辈，从头到脚，身上都松透了。他们的照片你看一看，身上哪有可进的地方？王茂斋他们虽然没有拳照，但你看他们往那里一坐，肩膀都沉哪儿去了，你能看出他松到了什么程度，他们都松成了习惯了。

从健身的角度讲，太极拳练好了，比气功还全面。因为他有动作，它是在动中求静，和站桩的道理一样。动起来身上得有那些东西，你一趟拳下来，丹田气起码不能浮。

你盘拳练出来的成就，打坐的时候未必有，但你打坐时候有的，盘拳肯定能练出来。

练拳能松开，和打坐是一样的。光打坐出不来这些手法，练太极拳的能打坐，还能有“手”，所以它更全面。

太极拳好处很多，没人去研究，净去掰扯那些和太极拳实际没有关系的东西，把大家的认识都搞乱了。真会的真懂的，谁愿意花精力和他们抬杠？就像张义敬说的，和他们论战，就像“秀才遇见兵——有理说不清”。所以，现在大家都不说话了。现在网上似乎都是大师、专家、泰斗……

新中国刚成立的时候，有一本杨澄甫的书，8分钱一本。以郑曼青给他编的书为蓝本（注：马老原话为韩复榘，但有网友指出，韩复榘所出可能应该是另一本，山东国术馆的太极拳讲义，待考），国家出的一本新书《太极拳体用全书》，很薄。现在出的书，一本比一本厚，别说练，看完就得半月。按现在的说法，人长一个肚脐都不对了，他能另给你找出一个肚脐来——分虚实嘛。为什么百会没有虚实呢？为什么肚脐没有虚实呢？也得找出一个来。有人不是找出来了，所谓阳虚实和阴虚实。按这种说法，俩鼻孔就是“双重”了。这不闹笑话了吗？还有的把太极拳和八卦、五行整到一起，唯恐你看明白了。这是人为的复杂化了。

其实“双重”和盘拳没有关系，盘拳要盘得灵活。不是盘拳的时候非得一条腿着地，绝对虚实，那是副品，要以灵活为主，以协调一致为主。双重指的就是推手时候顶劲，这是王子英先生经常讲的。

盘拳要慢慢松松地练，要练到脚下去。没有人推手的，就跟空气结合，在空气中走出阻力来，就等于你的对手。要整动，哪儿哪儿都是，不是局部晃悠，一动全动。比如揽雀尾，你右手捋的时候，有人托你的左手、左肘、肩部，这些部位都得有东西。你问背，背部有东西，你推胯，胯上有东西，它就是“一个”，你盘拳得盘出“和谐”来。

推手有伴了，就培养这个敏感，对方出劲了，不见得把对方推多远，你能拿住这一点就行。对方呢，你能拿住，我换个地儿，怎么才能反映到我这儿来……

拿住什么？是拿住对方的重心，你拿住重心，他就要“挣吧”，他一挣吧，你就借他这个劲，把他送出去。拿住，你用劲是拿住，轻轻也能拿住。

武禹襄讲：敷、盖、对、吞。轻轻敷在你这儿，让你动不了，那就是拿住了。你一“挣吧”，人家就给你发出去了。拿住，是拿住劲，不是拿人。有的人，拿住劲，不会利用这个劲，互相拧持。互相一顶，都摘不开。

你要拿住对方，自己的东西还不能占住，要保持单摆浮搁，就像小锤子钉钉子，想用的话，这小锤子得能用。你拿住别人，自己的锤子拿不起来了，这就是俩人“掰吃”上了。就是双重。

拿脚练拳

你盘拳的时候，时时刻刻别忘了你的俩脚掌。你推手的时候，不管碰你身上哪个地儿，都跟底下说着话，去那里找这个东西。简单说就是拿脚练拳。

你看我做这个“挤”，其实我没挤，我脚底下做这个挤呢。你碰上我，脚上就过来了。这样你这个架子算没盘空。

别人一挨你，你就“跑”，这叫“丢”。他一挨你，你的劲就到他脚上，你这架子才叫不空呢。

这叫“盘劲不盘招儿”。招有数，就 37 个动作，你要盘劲，370、3700 都有，无处不是太极，非一寸不是太极。你再提高，非一分不是太极。

推手时，你还盘你的拳，脚底下练，这就叫不丢不顶了。要自然，推手和盘拳一个道理，盘拳也跟推手一个道理，这个要结合好了。要点是你还练你的拳，别管他。

推手不仅仅是不给对方支点，而且要往对方“背点”上引。

太极拳其实没那么复杂，有人看书，越看越糊涂，又是神又是意的。其实都可以按力学解释。你要用力，你没有别人力大，你就吃亏；你说你手快，你要没别人手快，你就吃亏。你用招，你没别人招多，你也吃亏。这些我们都不用，我们利用对方的。你有劲，我用你的劲；你有招，我用你的招。

你们打人出不去，往往是缺乏弹性，没有弹劲。比如你们推手，你也知道，你接他那么大的劲，他的劲很明，但你接上就晚了——彼微动己先动，晚了就动不了啦。你一出劲我就打你，就像小朋友玩的打地鼠，一露头就打。

还有人盘拳到处去找“腰隙”，王宗岳《十三势歌》中说：“命意源头在腰隙。”所以就去找某个缝，某个穴位，各种解释都有，都不准确。他的意思就是人的生命源头在“腰隙”，腰隙不是一个缝，也不是要你去意守，没有用。为什么放在这里呢，说明我们太极拳的“源头”是“十三势”。

三位一体

太极要真的按拳论练，不用很多年，有个三五年就能有所小成。但是谁能克服这些后天本能呢？很难。比如放松，大家都认为放松有什么用啊，锻炼身体哪有不使劲的？松，还能有用吗？老师天天说松，练的人也得要点小心眼。自己暗暗地使劲。非得练上身了，明白了，可是多少年的岁月也就过去了。所以——

第一，对放松不要怀疑，否则只能走弯路。

第二，要理清站桩、盘拳、推手的关系。

站桩、盘拳、推手，这是三位一体的东西，你不能练成三样东西。站桩就站桩，找松找静，这个松、静要干什么啊，和架子是什么关系啊？不知道。和推手是什么关系啊？也不清楚。这就互相脱开了。站桩就是养生，其实里头有架子的东西，也有推手的东西，要去培养。盘架子，过去叫“行功”，叫“太极行功”，不叫太极拳。拳论上也是这么说的。行功和拳是什么关系？行的是什么？站桩就叫“静”功，推手是“用”功。推手没说让你用招用力吧。用功，用的什么功？——太极拳。这三个是相辅相成。

现在是怎么回事？盘拳去找什么“暗劲”，推手是顶劲。什么是暗劲啊，不就是暗中使力嘛。盘拳是为了去掉身上这些僵力、滞力，进一步提高之后，化掉招法，找里头的劲路。把招改成劲，这叫内劲，含而不露。有意柔，无意刚，下工夫去找松柔。松如无骨，松透了。练太极拳不是劲没有了，是都集中了，转移了，都沉到脚下去了。等用的时候，脚和接触点"说话"。不仅是太极拳，实际什么拳术到了高层，都是如此，只不过，太极拳是突出要求这一点。尚云祥说，打一寸的拳，他不松不柔不空，脚底下没东西，丹田里没东西，怎么能打出来？这都是一个理。

所以盘拳按规矩来，培养推手时的"劲"，推手拿人练，互相培养敏感。什么叫听劲，什么是力点，这些都搞好了，能用十年吗？有点悟性，三五年足矣。王子英先生 18 岁懂劲，张继之先生 20 岁懂劲，都出来了，也就三年多的时间。有些人弄了一辈子也没明白，顶牛顶了一辈子。这就是走了弯路。

现在有人评论说，过去这些老先生都是"假的"。可是这个假的，你十年八年也练不出来。所谓真的，俩礼拜就够了。这属于自己不了解，胡乱下结论。

过去老先生讲，你要真懂了太极拳，周身得拿气"洗"了。气是什么呢？他感觉非常舒服。松开了之后，感觉身上那么轻松，那么美，过去管这就叫"气"。气，就是一种形容词，区别于力，区别于僵劲、滞力。还有神啊，意啊，都别有深意。

杨露禅来北京，人称"神拳杨无敌"，这个神，是精神的神，并不是鬼神的神。但是，后来拿这个把太极拳神化了。

轻灵不是目的，是手段，用此手段，取胜对方，其中有惊弹，还有抖擞，还有软弹，这些都是短力，不是长力，长力是拥力、堵劲、截劲。所谓弹劲，就像打乒乓球，不能持球。武术界也称爆发力。他是短促的、轻灵的。

不推手只练拳行吗？也行，但是你要把太极拳的含义都明白，就不可能了。比如，其根在脚，发于腿，主宰于腰，形于手指，到底这个路线是怎么回事，只有通过和对手的反复实践才能明白。不推手，盘拳就是空的。

现在就是在空架子里大做文章，包括虚实、阴阳、八条身法……这个文章做得越多，太极拳被弄得越复杂，离真正的含义越远。因为他所规定的这些身法，比如沉肩坠肘，含胸拔背，气沉丹田，虚灵顶劲……这些都是为推手讲的，有个时间段。

沉肩坠肘什么时候用？盘拳用他干吗？一用不就滞了吗？你梗着脖子虚灵顶劲，不就滞了吗？气血不就上去了？这些手法推手的时候才用的。沉肩坠肘，其实就是为了松肩松肘，真正沉肩坠肘是别人托你胳膊的时候用，擎住劲的时候用，然后还要走身法。要用就两条，盘拳的时候让你更放松，推手的时候用，用它才能贯穿一个“整”。别人不托你，你自己沉肘干吗？托的时候再沉。

虚灵顶劲什么时候用？对方拔根的时候，周身身法提起来。

不研究推手，就在架子上大做文章，比如什么眼睛平视，收下颌，这不就等于把自己绑起来了吗？其实即使是用的时候也是要自然的，古人这么写，是为了让大家更清楚。拳论大部分说的都是推手，王宗岳的拳论说的都是推手，十三式歌讲的也是，包括武禹襄、李亦畬的“五字诀”。现在把这些都用在拳里了，讲得最多的是“双重”，两脚不能同时用力，两手不能同时用力等。如果这算“双重”人就别站着了，站着就双重了。

“粘连黏随不丢顶”，不丢是不丢开、脱离开接触点，不是头顶。“猴头永不抛”“虚灵顶劲”讲的都是推手。

站桩，就是要消除身上所有的僵力，培养松劲。在松静的过程中，物自下沉，慢慢脚上就有东西了。脚也要放松，你先要把这个架子搭起来。等你推手懂劲了，再往里头灌。

“一羽不能加，蝇虫不能落”，这是一步功夫，不是一个形容词。等你站到这个程度，你身上是什么感觉？盘拳也是放松，不管是 37 个动作还是 108 势，整个一趟拳，身上没有一个僵劲，都到俩脚上，这都是基本功的训练。推手的时候就用脚底下和接触点的劲，这两点得能“说上话”，会“说话”了，不丢不顶了，慢慢才能变化无穷，架子就能跟着这个感觉走。

推手的时候，那个鼓荡劲，一按，“当”一下就出去了。有了这个鼓荡了，就明白了丹田是什么样子、脚底下是什么样子、身上是什么样子，然后把这些灌到站桩里头，这样才能融会贯通。但是这些东西只能从推手里得到，推手得不着，那都是空的。懂了推手，你才能知道架子，你哪点练的是背，哪点练的是肩，哪点是练的是胯，哪点是练的是气……架子才出这个东西。

比如吴式拳，为什么从中线提溜手呢？为什么一走，十指尖要从中线走啊？这都是和推手密切结合的。为什么气归中，不能偏？你不走中线，你的气永远是偏的。你手稍微一抬，气就上浮，你腕子坐了一点劲，它就滞。这些都是很细的东西。你要把这些细节都养成习惯，练拳就是改变我们的习惯。这么科学地练，有两三年就很好了。推手也能很漂亮，注意是推手，不是打架，这要分清楚。我们既然说京戏，就别说变脸，那是川剧。

我能赶上这些老前辈的时代，真是有幸。杨禹廷、王子英、李文杰、张继之，这都是王茂斋先生的弟子，还有吴鉴泉先生的学生，受益不少。这些人，我那时候是挨家跑，后来往温师叔家里跑。这些老前辈都不是专业教拳的，自娱自乐。所以，他们说的东西都非常实在。后来老先生们都过世了，我就在回忆当中慢慢摸索，老师讲的当时不一定明白，非得练上身了，才明白，这不是当年王师爷说的吗？这么着逐渐对号入座，当时就算你记到本上了，你没记到身上，那还是没有明白。通过多年实践，上到身上，这才恍然大悟。

比如双重，王子英先生讲，什么叫双重，顶牛就是双重。当时就是不知道，还是较劲。较了多少年。不是老师一说就不顶了，这有个实践过程，但是你得知道顶是不对的，无意识地顶上了，知道了就别顶了，松开找别的吧。刘老师和张继之先生有时候也能茬上，一茬上，俩老头都乐了，你看咱俩怎么这么笨呢！他们功夫都差不多，也有这个现象。然后他们就研究怎么把手“摘”开，边练边研究。

开　展

太极拳不在形式，而在气势，不在外而在内，内指挥外。

比如“单鞭”，你要不开展，缩着，气就下不到丹田，更不可能气遍全身，所以他要开展。开展还要“似开非开，将展未展”，这两句话也非常重要。开、展，就是发了，但是要留那点余地。真开，就过了。太极拳要求“无过不及”。比如搂膝拗步，前手要开展，但是如果直了，就过了。

这两句不要光在外形上研究，你还需要里头的劲，通过这个外形能打出来。比如你搂膝拗步要展指出掌了，你就过了，你不是寸劲了。成了按劲、推劲了。将开未开，一开无不开，这才是寸弹。

海底针练的是背打。招数是拿着对方腕子往下擒，练内劲的时候，是肩打背靠。缩着，圆了，后头一按，他就出去了。收缩的时候，都包含了一个寸弹。

在家没地儿，练一个揽雀尾就管用。不练揽雀尾你晃悠也管用，不晃悠也管用，内运。放松坐着，想着里头动，或者不想里头动，都行。关键是练上身了，不上身，怎么说也不明白；上了身才明白对错。

要是把一个拳架子分多少动作来讲，反映不出身上的东西。只能把总的道理讲讲，不管什么拳，你按“松”去练，都能练出来。再合理的拳，你僵着练也出不来。推手不能以“出去”为标准，别忘了你练的是什么，你练的是太极拳。

讲到“开展”,顺便讲一下“川字步”。现在练这个都在“画圈”，这是不对的，中间是中心，脚步走两边。为了好理解，我换了一个名词——“回字步”。外面是两只脚，不出大圈，里面是尾闾，不出小圈。姿势不要太低，膝盖尽量保持和小腿垂直，弓腿弓“过了”，劲就死了，也容易伤膝盖。有人讲“三尖相照”，这不是老拳论中的东西，不要这么做。怀抱琵琶这类动作，前面的腿不能僵直，要有弧度，有弧度才能有弹性。

打一寸的功夫

王子英先生讲，吴式拳里最难练的一种劲，就是寸劲。李雅轩称为软弹，尚云祥讲的是“打一寸的功夫”，都是相通的。

一寸的形意拳怎么练？都是寸劲，丹田里的鼓荡劲，也叫寸弹。最难练，但最好使。你用拥劲，把别人弄出去了，别人也能把你带个摘楞。用寸弹就不会，就脱开了，没有这个掠的机会。

这种劲叫的名称不一样，刘老师管这个叫“金鸡抖翎”。你看鸡在沙土里头洗澡，滚完了一抖，土就下去了。王培生讲：打冷战那个劲。打冷战行，你要做出这个劲来，没多少年的工夫做不出来。

小劲玩得最干净漂亮的是杨禹廷先生。手指头一点，一回头……都是这些小玩意，特别妙。玩的就是轻灵。你说，我是举重的，你用寸弹举一个我看看，那叫抬杠。

武术有一个麻烦，就是没有分开尺度。比如，足球是用脚，篮球是用手，羽毛球用球拍，水球在水上，马球要骑马……武术呢，就像 5 个运动员凑到一块，咱们一块练吧，那就没法整了。形意说八卦不行，八卦说太极没用……武术至少要分成两大类，一个健身，附带观赏，属于兴趣、艺术、文化；一个是实战，争天下第一。两派不要互相挖苦，有空自己多研究自己的领域。再细分一些：八卦找八卦的，太极找太极的，轻灵找轻灵的，沉浊找沉浊的，实战找实战的……

丹田气不用单练，你松开了它，它自然就有了，你推手的时候，它该鼓荡的时候自然就鼓荡，这是自然的生理反应。不练拳的就没有丹田吗？就不用丹田气吗？比如在农村，你垛麦垛的时候，或者你出粪装大车的时候，小肚子一拱，手一挥，就上去了，丹田气用得多好啊，人家也没练太极拳啊。你只要不用笨力气，按太极拳的规矩，用的就是丹田气。练功求的是气血通顺，丹田气培养不了，它听你的吗？你自己归到自然了，它自然就到丹田。

按照地球的吸引力，物自下沉，它自然归到丹田。但是，正常人的气为什么不往下走呢？人是从动物过来的，你看骡马牛羊，它的五脏六腑都贴着背，人是直立行走，站起来之后自身就会感觉到往下坠，不自觉就提着气，不提气感觉就要掉下去。其实这是一个错觉，等你把这个错觉改过来，它自然就下去了。但是，一般人提气成了习惯，自己都不知道而已。

你一放松，气就下去，你憋着、努着，气能存得住吗？压得住吗？你一走神，它像气球一样就浮出来了。你松成习惯，它就老在这儿了。

李文杰先生经常讲，吴式拳的气，吸在丹田，呼也在丹田。平时它老在这个，你一碰，它自然就鼓荡。

教拳的越讲越复杂，而且互相影响，你讲经络，我就讲穴位。有内容啊。我教拳，就“放松”俩字。有人说，你就这俩字的话，谁跟你学啊？也没法收钱了吧？练俩月，学生说，老师你看我练的怎么样？“还得放松。”有这么两次，人家就不来了吧？用意不用力，不用力用什么呢？不就是放松吗？俩人一茬上劲就憋死了，都摘不开手了，还怎么寸弹呢？

关键是要练得有内容，不见得你练什么套路，练 24 式也一样。看看你这手，你一紧张，毛细血管不通了吧，再使劲大血管也不通了。你一放松，就回来了。为什么有人练完拳头昏脑涨？因为身上紧张，血气都涌到头上了。放松时间长了，血往回流，你都能感觉出来。血回流到手指尖，手指尖会跳动，内脏也一样吧。血流到哪儿，要能感觉到它在跳动，跳动会延伸，脚心也跳动，大动脉的动力都能感觉到。

盘拳要盘出这个东西来。有了这个东西，你手指头一指，对方就有威胁，一下就透到你脚上。王子英先生就是这样，你只要一挨着人家，就跟那“扳不倒”差不多，脚底下就忽忽悠悠站不稳。

六防六攻

“六防六攻”是我起的名,是我总结的一些经验和方法。防和攻,培养的劲都在肩肘手，不推胸不推腹，就在这六个大关节上下工夫。这就足够了。很安全,变化又多。和女同志也可以推。老年人也可以练,身心受益，毫无伤害。

包括我们推手出去这个“蹦”，都有学问，找个合力的、听劲的、按力点的，这个蹦都是养生的、养人的，你不管蹦出去多远，站住之后是深吸一口气，这是养人。假如是用力气搡出去的，他出去之后是吐了一口气，先吐气，几下就能打一身汗，这是伤，这都是我们实践中总结出来的。

我们一个人也可以实践，假如你推这棵树一下，放松着走，退出去十步、二十步,把身上这个力卸净,你站住之后就是深吸一口气,很舒服。你推十来下，比你站 20 分钟桩都舒服。假如，你说我就不出去，就退一步，强努着站住，憋气，这就很累。这个功夫，我起个名叫“卸力补气法”。推出去，把力卸干净，深吸一口气。推一天也不累，我教日本学生就用这个法子，很受欢迎。

为什么编这个“六攻六防”，这是在日本教拳的过程中总结的，为了好接受。真要是十年不出门，三年不上身，谁还练呀。日本学生听话，教了就练，练了就能有效果。先提高兴趣，兴趣提高了，练的人多了，慢慢再发现人才。在日本，200 多人的大课，100 多对一起推，他们用这个法子，都表示很好很舒服。

日本那批学生，他们的需求也分很多种，我教的就是健身和技巧，他们也接受。我去的时候，200 多人都说练完舒服，不累。他们的骨干每年都来十几个人，本来计划学 8 年，把这些东西都学走，现在都 20 年了，也学不完。他们认真，现在也多少明白点这个意思了。他们下工夫，按规矩来。虽然工作太忙，能聚在一起练的时候，一个月也就那么一两次，但是现在看进步已经很大了。这是题外话，但是这点东西，咱们自己不学，就都被外国人学去了。

用这个推手法子，咱们见到的，杨禹廷先生 96 岁，马岳梁也是 96 岁，这两个老前辈在 96 岁的时候，还都在推手，推得还很好。

六法三功

六法三功，这也是我的总结。

所谓“六法”，就是松、柔、虚、空、圆、满。

先松，从松中练出柔来，柔中练出虚来，虚里练出空来，空完了，里头要练出圆和满。就是神圆，气满。也就是先开展后紧凑。挨哪儿哪儿说话。由大到小，这是非常科学的。你没有“大”，就不会理解“中”，也就不会理解“小”。上来就练“小”是不可能的。

注意是“小劲”，由大到小，不是大势子，不是架子由大到小，这是劲的开展和紧凑，由大圈到小圈，由小圈到没圈。刘老师曾经说过，我的“圈”像核桃这么大，王子英先生只有筷子尖那么大。这是一种形容，反正越精，圈越小。这个理要明白。

“三功”，就是松柔、虚空、圆满，这是三步功夫。

练出两个算一个小总成，再练出一个，算一个大总成。这三功六法，练到虚空，也就是有形无相。你看这个动作有个形象，一摸什么都没有。等你练到圆满的时候，你看着是空的，你可不能碰，碰就得起来，神圆了，丝毫不让。气遍全身，你一挨，丹田一鼓荡，脚下气就上去了。气满包括很广，这里指的是紧凑劲，脚底下和手一气贯穿。很多东西是用言语无法表达清楚的。你练的时候，不能走有形的东西，比如鼓着肚子练，就滞了。

盘拳练的是灵活，能走能化，能整能虚，能空能控。

搭手就没，这叫空，你认为是实的，他什么都没有，你认为是虚的，他说到就到，伸手就是，这叫“忽隐忽现”“不支不离”，反正就这点东西，用词不一样。无过不及，随曲就伸，不偏不倚，忽隐忽现。这是推手的东西。斗智不斗勇。

盘拳就是一个“蓄”的劲，没形的蓄，蓄出松柔劲。蓄，实际是蓄神，不蓄力也不蓄劲，就是全顾着，顾满全身，很自然的“顾”，一碰就来了。

这些在拳论里都有，但拳论缺一个东西，就是怎么练。尤其是从初练开始，一段一段怎么练，比较笼统。练拳从松开始，宗旨还是松，太极拳只有开始，没有终了。

郝为真讲过一个李亦畬先生的故事：

李亦畬先生重病之时，郝为真赶到了。这时候，李亦畬先生已经一会昏迷一会清醒，看见郝为真到了，就说了一段话：咱们这个功，头一步，在水里练，进一步提高，在水中间练，第三步到了高层，在水皮上练。他说我就总结这么三步。太极拳是有始无终，只有开始没有终了。说完，撒手西去。后来都说这是郝为真说的，郝家自己把这个事实澄清了，说这是李先生故去之前说的。

第一步，在水里练，脚蹬着地；第二步，脚离开地，在水中间了，按游泳说，会踩水了；到了高层，到水皮上来了。这就是轻灵。脚底下有漂浮感，真正有根儿了。脚底下是漂浮着，就像脚和地之间连着有层膜一样，没踩到地上，非常灵活，非常整。过去老先生讲“脚踩浮莲”，也是这个意思，这得身上松透了、松净了才有这个感觉。有人说“五趾抓地上弯弓”，这是一步功夫，不是永久。

圆满了，就是个气球，圆，就是外头那层球皮。这是神，神有了。但是里头你的气要打得足，足了才能圆。足了，也就是紧凑了，就像气球打足了气，你一触他就弹回来了，一触即发。这可不是把肚子憋得多大啊。

松就是换力，当然你如果本身就很轻灵，不换也行。换力也就是一个名词，你别用那么大力气。用小劲，用灵巧劲。符合力学，也能找到。也别把它看得多复杂。之所以不太好明白，就是因为它违背常规。离心力、向心力、力的不同步……心理学和力学相结合。

彼不动，己不动；彼微动，己先动。要是俩人都不动呢，这里就有个“问劲”。采挒肘靠，采就是问劲。拿住神了就是心理学，拿住劲了就是力学。摸不着，就是个重心问题，不给你这个劲。要是摸不着对摸不着，这里头就有东西了。他们俩人是平衡的，各保疆土。俩人顶着了也是一个平衡，茬上了。

你看人家“盘鹰”（放风筝），这里头就是很好的一个风的力学。风筝起来之后转，它是怎么转的？都说是放鹰的人手上的劲，其实不是，还是鹰本身的劲。线是配合风力大小的，没风的时候给做出风来，有风，牵着这个风用，鹰会转，是鹰翅膀有角度。这也是有诀窍的。我也放过鹰，跟人家盘鹰的学，人家根本不告诉你，或者告诉你一个瞎马骑。后来我一琢磨，这东西有这么神秘吗？比工厂里做模具都难吗？我回家自己做，做了俩，照样转，转得比他们还好，就是类似风车那样的一个角度而已。就这么点东西，他不让你看。看也看不出来，很小一点。大了就变风车了。它往下一落，给风吹起来了，你一松线，它没阻力了，自己往下落，趁这个劲，就盘起来了。

太极拳也是劲，这几年放风筝对我的推手很有帮助。拿线听这个劲，也挺有意思。有时候绑腕子上，拿腰听这个劲。

懂　劲

盘架子是知己的功夫，推手是知人的功夫。

懂劲，是说自己懂不懂太极拳。说懂劲是客气，说这个人不懂劲，说白了，就是他不懂太极拳。懂劲是自己身上的东西明白多少。听劲是听对方的，了解对方的动向。

太极拳也叫知觉运动。你敏感到什么程度，拳论上说得明白，到末了争的是“分毫之间”。彼微动己先动，对方 50 斤的劲来了，我才听出来，对方呢，你去 5 钱的劲他就听出来了，听劲就有这高中低之分。现在互相顶牛的，他们说，也叫听劲，这就是高中低之分。5 钱的劲都听出来了，你一动就落空了。这就是高层次的听劲。总的来说，就叫知觉运动，看你敏感到什么程度。

拳论上打个比方，就是：立如平准，找这个轻灵劲，一搭手就知道对方劲的大小。粘连黏随不丢顶，在粘连黏随之中，还要不丢开这个接触点，在这个接触点听劲，太极拳练的就是这个贴身的功夫。

散打，是脱开了打。太极拳能打吗？太极拳毕竟也是武术的一种，有它技击的功能。但它又是一种高深的智慧，“不打无准备之仗”。粘连黏随，就是知己知彼。到了高层阶段，还有一个“离粘连”。刘老师讲过这个问题，像是吴鉴泉等高手阶段，离开粘连又粘连，那个时候散手就相当高了。他和你的神气相合，你一动，他就能知道你的速度、力度等。不是说，离多远，我一动你就蹦出去了。那是凌空劲，凌空劲属于跟学生“玩”的一种手段，不是实际应用。这是一种游戏，不能当真。杨露禅跟人动手都得接触，何况他人。就算是跟自己学生，不搭手的话，你把眼睛蒙上也不灵。这些玩法，都是关起门来自己玩的，现在有些人“玩儿”得有点过。

太极和摔跤有相同的地方，摔跤也讲听劲，不是笨力气，不过太极拳更灵。“轻灵活泼求懂劲，满身轻利顶头悬。”“身如捕鼠之猫，动如伏兔之狐。”你能练到这个境界，心里多美啊。

练推手，你的伴儿很重要，要互相练，互相发，只能你发不能我发就不行。发来发去，就为“招熟”。由招熟而渐悟懂劲，就从这不断的“发”逐渐积累而来。平时只能把人推出两丈，突然有一天没用劲，对方就出去三丈，自己总结一下，以后就用这个劲。如此举一反三，慢慢就懂了。懂劲后默识揣摩，我这个方向行，换个方向行不行？往高了提行不行？滚手往下试试？就这么实践来的。

现在是力上加功，能打人，但不是纯太极劲。我们练的是太极拳，太极拳的优点是什么？你不能说谁把谁弄一下，就是太极拳，那是打架。所以杨禹廷先生说，练拳，我们要练一个理。

有些名家名气不小，可惜不懂劲。练的架子就是一个壳，里头没有东西。比如你拿的这本书（书名略），你看拳照，这么练的话，气都上去了，断住了，通不了。外关节都不顺，虚实不分，气也下不去。这一趟拳全是僵的，想松也松不下来。大捋的腿形都不对，最忌讳的就是直腿，人家一脚蹬过来就完了。必须含着劲，对方一蹬，你一拱他就出去了。这练得没有余地，也松不开。

大捋里头尺寸非常严密，一看就是没得到真正传授，脚落得不对，不是插裆，差一点都走不了。迈脚掏步可是相当有讲究的，因为这些东西都不讲，保密，所以现在就胡乱迈腿。过去擅长这个的都不表演，一表演就怕这个东西丢了。步一错，让人一抡一溜滚。好大捋，你怎么抡，我都不带倒的，就拿这个一步倒。靠的时候，对方要含胸，往下一采，靠的人就飞了，一环套一环。但你一采，他一趁势，又走了。一环套一环，但你得走出这个东西来。走不出来就是空的。但是推手听好了劲，不练这个也行。

杨澄甫后来编了一个"太极对拳"，双人练，44 式，上手 44，下手 44，也能串起来一个人练，我学过，但得有俩人练上下手，没有俩人就练不成，慢慢就忘了。你能从咱们这儿找出这个劲来，再练那个也就没意思了。

病　手

现在你们推手都是“添腿”，老辈推手是“撤腿”。你们俩昨天练得就是添腿，你给我添腿，我给你添腿。都站得很瓷实，茬在那里比谁有劲。而老先生是撤你的腿，让你站不住。

推手就是力的变化，力的运用，前提是不丢不顶。茬上了，就摘不开，就没法办了。

研究手、比手、比武是三种不同的概念，研究是找其中的劲，比手就有输赢，比武就是玩命。严格讲，武术不能比，一比就出人命。退一步讲,比武要比技术,要互相培养互相提高。现在社会安定，经济繁荣，你非要比出人命，这不是自己找罪受吗？太极拳是一种享受，武术里能做到这个的也就是太极拳。

其他的拳法,俩人不能对着练,容易受伤,推手练完俩人都舒服。推手逐渐要和拳架子对上话，比如这一手，是玉女穿梭那个过渡动作的劲，是定势的劲是起势的劲还是过渡的劲？你要去研究，这样就更有味道了，对你盘架子也有提高。

沉，要自然的沉，轻，要自然的轻，半轻半重取其中，也是自然而然的。这是正确的手。沉中有灵，轻中有物，半轻半重有着落。

重、滞是病，病手。轻、浮也是病，忽轻忽重、半轻半重，没谱，这是假象手。

盘拳的时候，发现哪儿别扭，要调。调不是用力，是放松，让它非常自然地过去。腰胯一放松，丹田就是圆的，丹田一转悠就过去了。不要带着劲调，都是松。如果动作没走到位，里头好多好东西你就体会不出来。

功夫细中求

拳架子，细小的地方都在两头，是为“极”。到头的时候，里头要有东西，不要一带而过，这是最难练的。这一般要从推手里头找，否则你练了半天，不知道怎么回事。比如“玉女穿梭”为什么要提溜一下子呢，你看推手的时候，我是捋，对方跟到这儿了，这时候我最背，人家要用手了，这时候一松腰，往下一提溜，就化开了，他就托不上，这个架子是和推手连上的，这就出来“玩意儿”了。比如推手，化来化去，对方要掤我了，我腰一提溜你不就起来了吗？

比如挤手，不是用大劲把人压住，要松，要空，才能出东西。这样盘出来才有味道。

为什么要听劲？我也有弱点，但你听不见。俩人推手，我身上倍儿顺，你身上准背；你把身上调整得倍儿舒服了，我这儿准别扭。当我别扭的时候，我别扭的哪个点，你不清楚，你也发不出去。我把丹田气调顺了，你不能牵动我这个，你就动不了我。你必须把这个“根”牵动了。这不难，看你能不能分清虚实。俩人是互动，互相影响的。放松之后，才能慢慢体会出来。听劲不是动，用气去听。你得能牵动我身上有弱点的一个部位，要有目标。

这要明白《乱环诀》说的这几句话：

乱环术法最难通，
上下相随妙无穷。
陷敌深入乱环内，
四两千斤招法成。
上下左右横竖找，
掌中乱环落不空。
若问环中怎的是？
发落点对必成功。

所谓乱环，就是环中套环，大环套小环，小环再套小环。“得其环中不支离”，其实就是不丢不顶。不丢，不丢中；不顶，不顶劲。你“背”的时候，要放松。可是这个时候，重心不稳，人都要找个拐棍，等于添了一个“腿”，都要使劲，就被人制。你不进不等于不丢，一出手就被人制了，要学会转移。

“你是你来我是我，搭手俩劲不混合。只许我混你，不许你混我。”——这是汪永泉说的，要达到这个境界，就只有放松。松无止境，灵无止境。越推越灵，越推方法越多，越推变化越多，越推角度越多。

盘拳的时候你把过渡的细节都找到了，一个揽雀尾顶16个揽雀尾用。比如一个掤，一转就俩劲，一长腰有一个劲，头松根紧一个劲，根松头紧又一个劲……无穷无尽。每个劲，都有不同的用处。

一立掌要发劲了，劲就像泉水一样，从脚下全灌到手上。

勾手一放松，就像摘了环一样，就是腕子一个点，一个点去，手就不管，这才能出东西。

“打点”，点越小越好，越大越笨，就像针尖的道理一样。

对方重手不怕，你松得他没处落，千万别跟他茬上。你拿住我左手，我有右手，俩手抱住还有腰，腰也抱住，还有胯和膝盖，捆到脚脖子，手就又活了，这就是节节贯穿。千万别顶了，用力则滞，一滞就为人所制。

问劲的劲，必须做到对方无论多快打回来，打不着我。如果实着问，没问出来反而让对方把自己打出去了。只能我混你，不能你混我。一问劲让人给打了，说明你胳膊还是硬，没松开。轻灵劲找好了，不怕大力气，你在刘老师手上使大劲使得出来吗？

打　轮

打轮的时候，对方进多少，我退多少，你转我就跟着转。上面找好了，再找和脚底下怎么说上话，找细了，再找劲。比如一个小时吧，找 10 分钟的劲，剩下的都练基本功。老练基本功，容易没兴趣，老扒拉（找劲、发劲之类），基本功就没了。不要弄多大的势子，势子大了就滞了。你掤的时候，推着我退，擎着他的劲，听着劲退。该我捋的时候，别挡我，随着我走。你挤的时候我含胸，我要转腰，我推着你转；你再找我的肘，我推你别顶，推多少你退多少，越轻越好。该你捋的时候，我随着你，然后我挤……吴家打轮不“按”，擎着你的劲，为什么呢？一按，我就出去了。你挤手的时候，我擎着你的劲，是个黏劲。

吴式拳真正练基本功是四角推手，幅度比较大。在四正手里走出四角了。吴先生去上海和某人交手用的就是折叠。对方来的劲特别猛，把腕子往起一刁，回去就趁那个劲。腕子刁起来，对方就空了半边身，正打上。

我们这路手法，被发的人往外蹦，属于内脏按摩，补气，不伤气。你要自己跳，属于震动，完了事自己难受。这是借对方的力，非常舒服。俩人推手，胜的养，输的也养。

无形无相

我见过王子英先生打坐，也不盘腿，就是坐在太师椅上，手搁椅子背上，有时候搁腿上，就这么坐着。一个钟头，晚上 7 点就坐，8 点钟准时睁眼，跟大家说一个钟头手。我们大家都守点，7 点到，他就打坐。8 点一睁眼，看看大伙儿，站起来开始说。大家看的看，记笔记的记笔记。

刘老师他们教得都朴实，练放松也不说放松，就说你“别使劲”，盘拳别使劲。等你盘通了，你就懂这些东西了。事实上就是这么回事。刘老师说:“你得盘，我说的是我的，我身上的东西，不是你的。我说一个，你就弄一个，这不行，这东西是千变万化的，你就多练，你就别使劲，推手别瞎顶，推手不练力，不练招，大原则告诉你了，你就练去吧。架子今天改明天改也用不着。”“盘个拳你使那么大劲干嘛啊？没使劲你喘什么啊？”都是这些大朴实话。但是后来王子英先生跟我说，你们老师什么都好，就是劲还大点儿。

说到“松”，温铭三师叔松得好，但是松得有点“弱”了，松过多了，这个度要把握好。温先生是好，特别柔和，但禁不住大劲。吃不住劲也不行。不圆，有点瘪。就像足球气不足一样。

懂了劲之后，用这些养着拳，拳养着手，站桩养着这俩，就行了。这叫相辅相成。

一个人在家喝着茶，没盘拳也没人推手，照样练。为什么叫无形无相，不是练来练去人练没了，无形无相的时候就是无时不练，不练而练，不调而调。

刘老师说，有形有相，埋头画像。“摇头晃尾巴”这叫埋头画像，就是盲动，一推手到处拧持，还说是什么一动无不动，这就露形露相。推手要看不出自己动了，别人就出去了，要含着。

无形无相，全身透空。一挨着就俩字，一个是发，一个是化，化不是跑。应物自然，就是别紧张。虎吼猿鸣，指的是呼吸。西山悬磬，指的是一触即鸣，这个接触点一碰就有感觉。悬的磬，风大的时候，落上沙子都响，要这么灵。翻江倒海，指“不露形”，里头动，里头也不是自己动，你一碰这个点，它自己就去了。也就是我们说的鼓荡。泉清水静，不管你怎么动，动里头非常静，非常自如，不能损害身体。练中也是修，尽性立命，这就是道家功夫。这是我自己的体会。

《授秘歌》

现在理论太多，什么八卦五行、天干地支、穴位经络，都搬到太极拳上，全乱套了。但是对于《授秘歌》，争议却很大。这里详细讲一讲：

《授秘歌》只有八句：无形无相，全身透空。应物自然，西山悬磬。虎吼猿鸣，翻江倒海。泉清水静，尽性立命。

对于这个歌诀，武术界各有各的解释，各有各的心得。我对这歌的认识也是阶段性的，谈谈最近的心得吧。

这八句授秘歌，非常朴实，不是玄学。有人批评宋书铭先生故弄玄虚，其实并没有。我认为他讲的，也是推手方面的要领。

关于《授秘歌》的来历，我听过去老先生讲过：《授秘歌》是唐代高道李道子所传，明代传“武当七子”之一的俞莲舟，明代宋远桥和俞莲舟等一些高人，号称“十三老”入山访道。走到没路没人之处，不死心，继续深入。在一个山环里头，看见一个老人在睡觉。一搭话，对方闭目不答。于是大声询问，仍然不理，大家认为这个人耳聋。老人衣衫褴褛，众人很轻视。有人拿脚去拨他，结果应声而飞。老人睁眼称其为“隔代孙”，重孙子的意思。众人不满，但动手挨手即飞，知道遇到高人了。老人哈哈大笑，对俞莲舟说，你爷爷不是某某吗？众人方知这位衣衫褴褛的老人就是前辈李道子，于是纳头便拜。老人说，起来吧，你们这帮小子是大造化啊。我知道你们来，否则我也不出来。于是就传了八句授秘歌，众人功夫大进。后来，俞莲舟与张松溪、张翠山等再往武当山，寻访李祖师，再也没有找到。后来他们拜张三丰为师，是为“武当七子”之一。

当然这些都是传说,是不是这样,我们不必讨论,关键是《授秘歌》的内容。当年纪子修、吴鉴泉、许禹生等人从宋书铭处学习，宋书铭先生约定这个东西可以教，但不能传。因为这一句话，纪子修先生就没有再学。因为纪子修先生时已近七旬，既然不能传，我就不学了。但是吴鉴泉、王茂斋等人是得了真传，然后十年磨练，自然而然把这些东西融入了吴式太极拳的核心，吴式拳因此也提升了一个档次。

宋书铭“三世七”太极拳的核心就是这八句授秘歌，我们要用它来指导我们推手，就不是掤捋挤按采挒肘靠拿拿发发的东西了，甚至已经超越了招法的境界了。

无形无相

无形无相不是什么都没有，推手时不需要再考虑掤捋挤按采挒肘靠这些东西了。去的手没有推人的意思，来的手，我接住，也不是怎么拿怎么捂，完全是听劲。随机应变，无固定形式。不是手抬多高，腰进多大，进几寸退几寸等，完全是守其中、以静待动。不是你劲来了我拿了化了等，不挂相。不是说我用什么力，什么招，非常轻松自如自然。用掤啊捋，还是招数。主动进攻，就不符合舍己从人的太极拳理。这是高层次的手法，或者说是另一种手法吧。

浑身透空

浑身透空，就是对方摸不着，人不知我我独知人。全身如同空的一样，找不到力点，找不到下手的地儿，下手就吃亏。透空是轻灵的意思，不是说一个大活人都没了。是摸哪儿哪儿落空，但是摸哪儿都可以了解对方。到了高层，整劲是虚整，不是“滞整”，能在刹那间出来软弹力。

应物自然

应物自然也包括前边这两项,包括使用器械,都要自然而不紧张,见招破招,见式破式,随机应变,应付自如。但不是闭着眼睛随便砍。

西山悬磬

西山悬磬，指“灵”。做到了以上三项，听劲才能特别准，反应特别灵。这个磬是庙里挂起来的那种法器，特别灵敏，出声特别清脆。这句话相当于拳论上说的“一羽不能加，蝇虫不能落”。真正功夫到了，松出来这些东西，就能变得很灵敏。一碰就有反应的意思。磬是个整的，敲哪儿都响，“一触即鸣”。

虎吼猿鸣

虎吼猿鸣指的是呼吸。吸，自然提起，呼，自然放出。这代表了太极拳轻灵的动作，不见得一定是呼吸，也可以说是阴阳变化。手一动，往起提，起吸落呼，符合自然规律。这里指的是内呼吸，口鼻呼吸有个时间，吸到一定程度，肺满了就不能再吸了，呼到一定程度也不能再呼了。但内呼吸,吸完了还能再吸,呼完了还能再呼。当然这要和身法结合起来。

为什么叫虎吼猿鸣呢，你看猴子叫的时候，好像是吸气一样，老虎叫的时候像是呼气一样，气魄很大，是往外膨胀的一个力。配合上动作，吸，拿得起人，呼，放得人出。过去讲发人的时候，哼啊哈的，这都是助力、助速度。

翻江倒海

翻江倒海，是指牵动对方，腰里一抖，跟小旋风似的，能把对方拿起来。练到一定程度，包括推手，气势上非常美，非常勇。吞进来，吐出去，也就是武禹襄先生说的“覆盖对吞”里头的吞，就是虎吼猿鸣中的吸。引进落空，就像浪头一样，没了。你看没了，忽地又出来了。用的身法，那个气魄。用意不用力，大吸大呼，鼓荡起来。真正的高手就有大气鼓荡这一说。

泉清水静

泉清水静，这属于道家的功夫。字面意思是非常平静，非常平衡。泉水很清的时候，你感觉不到它的流动。视动犹静，视静犹动。练的过程中也在养，没“伤”。两个人气合，对方深呼吸，你也深呼吸，不伤身。不慌不乱，虽在推手，实际在养身养气，永远不伤身。

尽性立命

能做到以上这些，就能尽性立命。性命双修、体用兼备。这是落脚点。

所以太极拳就是养人的东西。张三丰太极拳论，最后的目的仍然是延年益寿，不做技击之末。你就要当作技击，那你就技击吧。到年老后悔也就晚了。

《授秘歌》的功夫很深奥，现在人做不到，干脆就给否了。这就像医学，2000 多年古人发现的穴位、经络，还需要现代科学重新证实，证实不了就不相信，斥之为伪。

这几句《授秘歌》，你必须在懂劲之后，练到极静的时候才能明白。它的目的是清静无为，性命双修，动中求静、静里求动。陈撄宁先生对此做过解释，他的解释每一句三个字，非常简练也非常准确，比如“无形无相——也无我”“西山悬磬——触自鸣”。现在越解释越复杂，让人无所适从。

其实，太极就是一个东西，好的拳理都是相通的，而不是互相割裂和否定的。李亦畬先生说：“自己安排好，不动彼丝毫，趁势而入，彼自跌出。”这也是无形无相，应物自然。趁势而入，是脚底下的功夫，你练不到，懂不了这个原意；你练到了，实践出来，就能验证李亦畬先生这话的准确性。郝月如先生讲的“吸，拿得人起；呼，放得人出”，这就是虎吼猿鸣。这是太极的呼吸之道，它不是练拳的时候用的，是推手的时候用的。

《八字歌》及其他

宋书铭的《八字歌》历来争议也很大，主要就是那一句："十个艺人十不知"。

《八字歌》原文是这样的——

掤捋挤按世间稀，
十个艺人十不知。
若能轻灵并捷便，
粘连黏随俱无疑。
采挒肘靠更出奇，
行之不用费心思。
果能粘连黏随字，
得其环中不支离。

"掤捋挤按世间稀"，指的是太极拳的拳理，他的文化内涵，唯有太极拳才有。"十个艺人十不知"，不是说都不知道，而是说没有人能够完全透彻地了解。太极拳要轻灵还要捷便，不走弯路。以小搏大，以弱胜强，要靠“粘连黏随”，否则你怎么轻灵，怎么捷便，怎么去了解对方？怎么从轻灵里头去找捷便？

“行之不用费心思”，说明你上身了，不用去想，才能得心应手。你要练到这个境界，就需要“得其环中不支离”，这就是太极拳的“中”,就深了。不是说画一个十字,中间那个点就叫中,中是“中道”，要动而未动，是“中”；要用意，似有似无，也是“中”；这个“中”是“唯精唯一，允执厥中”的“中”。

宋书铭先生还有两首七言四句诗,也叫《无极歌》和《太极歌》。

无极歌

无形无相无纷拏，
一片神行至道夸。
参透虚无根蒂固，
混混沌沌乐无涯。

太极歌

太极原生无极中，
混元一气感斯通。
先天逆运随机变，
万象包罗易理中。

参透虚无根蒂固，你身上练到虚无，全是空的一样，但脚底下得有根，这个根儿，也是非常自然的。所谓先天逆运，就是“专气致柔能婴儿乎”，反者道之动，弱者道之用，太极就是逆着修，反着练，往无极练，往道上练。不是看谁力气大，谁招数多。要练到虚空柔化。所以我概括了六个字：松柔虚空圆满。松柔虚空，这四个字书上见得比较多，我讲的“圆、满”也是看不见摸不着的东西，叫“神圆气满”，先开展后紧凑，就像球一样，你的气越足，弹性越大，动作越小，速度越快。

拿球作比喻：球皮很软，你往里一渗，里面的东西就往外走，这就是“气宜鼓荡”。“动急则急应”，你上去一棍子，你的棍子马上就得弹起来。“动缓则缓随”，你慢慢摁，他慢慢弹，跟你的劲合着。这个球放在这儿，这就是中，你骨碌到哪儿，它也不丢中，它也是一点着地，这就是“其根在脚”。你一碰他就转，“立如平准，活似车轮”……

“轻则灵，灵则动，动则变，变则化”——这是杨健侯和杨澄甫先生经常挂在嘴边上的话。不松能轻吗？不松能灵吗？不灵能变吗？不变能化吗？轻、灵、变、化，就是太极拳的精华。

李雅轩先生讲过“五种劲”，其实也是五个阶段。硬劲，这是不对的；僵柔劲，僵劲还在，说他柔，还有僵劲，说他僵，还有点柔劲，大部分推手都是这个情况；松柔劲，这是松过火了，松了，松得弱了，皮皮囔囔，不使劲了，但是扭扭捏捏，拧拧持持，这也不对头；到了轻灵劲，这就挨边了；到了高层，是虚空劲。这后两个是太极拳的劲，前两个都需要克服。[①]李雅轩先生讲，大松大软、大虚大实，这里都有很深奥的东西，你们得动脑子。大虚大实，是两个极端的，太极拳的高峰东西，说虚，你什么也摸不着，说实，比放电还快。不是让你虚得空洞无物，实得摁不动，不是这个道理。

宋书铭还有一首《心会论》：腰为第一之主宰，猴头为第二之主宰，地心为第三之主宰；丹田为第一之宾辅，掌指为第二之宾辅，足掌为第三之宾辅。

第一，腰为主宰，丹田就是他的宾辅。腰为一个脊柱，加上丹

---

① 李雅轩先生五种劲一般解释为：硬劲、僵柔劲、松沉劲、轻灵劲、虚无劲，与马老师所表述有差异，但马老师所讲拳理不差，姑且原话存之。

田就成为一个大轴，扩展了它的功用。没有这个宾辅，就没有沉着的内里。

第二，这里说的“猴头”不是“喉头”，以前讲过，是指推手的时候的接触点，像猴头那么灵，这个点，不能抛露，才能做到人不知我，我独知人。掌指为其宾辅，一动的时候，就用到手指，而不仅仅是一个点。

第三，地心为主宰，足掌为宾辅。地心可以理解为我们脚掌接触地面的中心，它是主宰，脚离开地，什么事也干不了，什么劲也使不上。用的时候要靠脚掌发挥他的灵活性。

主宰和宾辅，就是有主有从，就像赶车的鞭子，鞭杆就是主宰，鞭梢为宾辅，鞭杆是“体”，鞭梢是“用”，表现出来的，起用的是宾辅，但是你要明白真正坐在那里不动的是什么。

打手歌、乱环诀

掤捋挤按须认真，
上下相随人难进。
任他巨力来打我，
牵动四两拨千斤。
引进落空合即出，
粘连黏随不丢顶。

这是《打手歌》。首句是练习的方法，入手是掤捋挤按，练打轮，上下协调，才能上下相随人难进。然后下面两句也是两个人打轮练习的方法。这不是交手的东西。用掤捋挤按、上下相随，还要协调一致，才能四两拨千斤。

引进落空，这个“进”当“劲”讲比较好，互相问劲。引出对方的劲来让他落空。如果是“进”，进多少呢？“引劲落空”就比较好理解了。引出对方的劲来，让他落空，趁机如何如何。这是一种锻炼的方法，太极拳用功的方法。刚一露头，很嫩的时候就打回去。

还有一个歌也是训练方法。

搭手欲跌需跳跃，
巧挤逃时要合身。
谁能解破其中密，
太极妙法自然成。

这也是一种训练方法，俩人练的时候要合手，人家给一个劲，你整着出去的，跳跃着出去的。你整着走，来一个“不同步”的劲，你才能够“还”出去。走是为了往回返。你散着出去了，歪歪扭扭，软了普囊，你有什么机会能还回去？这是一种训练手段。

巧挤逃时要合身，说的是对方用很巧妙的挤法，但是你走的时候要合身，合着走，整着走。

你皮皮嚷嚷走，觉得自己挺聪明，你练不出来。我整着走的，我才能整着还回去。你像大尾巴蛆一样拧持，你能拧持出劲来吗？这些都是自然之能，练不出东西来。

拿球练习要有合适的球，拿人练习要有合适的人。问题是人都“机灵”，都觉得自己比别人机灵，顶瘪丢抗四大病。拳论里反复地说，就是不明白。顶是双重；瘪是让人进来了，化不开，“还”不回去了；丢是丢了重心，失重了；怕失重心，用大力气抗着，人家要不跟你抗呢，一放松一抖搂劲你还是吃亏。这些都是训练方法，不是比赛打擂台用的。

拳论里大部分讲的是推手，比如《乱环诀》，这个偏“用”，把用的时候窍门告诉你了。

乱环法术最难通，
上下相随妙无穷。

陷彼深入乱环内，
四两千斤招法成。
手脚齐进横竖找，
乱环法术用不空。
若问乱环怎地是？
发落点对便成功。

据说这个诀是杨班侯提的。“手脚齐进横竖找”，说的是整劲，不是瞎捣鼓。最后一句，牵扯到力学和角度、同步不同步这些问题了，不是我认为这个点和这个点对就行了。

过去，老武术家得到这些东西不轻易说，不是不懂力学。抬手人就出去，那也是有角度的。书本上的力学只是一个根据，你要用活了它。在力学方面，徐致一先生做了大量的介绍，杠杆几何什么的，他写的吴式太极拳的书里画了不少图，写得很清楚。这说明太极推手很科学，用力学完全能解释清楚。加上心理学，就更巧妙一些。但是也完全可以用科学的语言解释清楚。八卦五行相生相克，你研究透了，然后翻译成白话，也可以解释清楚。比如一个茶杯，我推来推去，把它推到桌子边，骑到中线上了，我一点它，它就下去了。不是一起步就推，而是引到什么角度、程度，对方失到什么样？丢到什么样？争的就是分秒之间。

什么是乱环？太极拳就是圆环无端，大了就一个圈，乱环就是若干圈。大圈小圈，圈里套圈。小的你可以走一厘米的圈，气魄大了，你可以走一米的圈，意识可以走成 5 米的圈。虽然是乱环，这乱环当中都离不开三点一线，离开三点一线就没有力了。

“点对”是指什么？发点和落点，必须还有一个中心点，三点一线。发点和落点应该是一条直线，发点落点中心点在一线。

“乱环”就是不定，随机应变。太极推手到高峰，也就是这些东西。没有玄学。闭着眼睛一想别人就蹦出去了，没那个事。要接触，一接触，就有个“轻”和“灵”了，有利用得合理不合理的问题。合理就轻灵，不合理就笨重。

推手毕竟是一种操练方法，是一种手段，是一种健身趣味，在家里研究一下，很有味道。不伤人，不“武”。你要去比赛，打擂台，性质就变了，不是那么回事了。什么事都是相辅相成，比如散打，人家不和你接触，你还四两拨千斤去，不让你拨。这不能抬杠。拳论上告诉我们怎么练，练出来效果是什么。你要抬杠，到处都是杠。你说八卦转圈干什么啊？形意走直趟干什么啊？圈有圈的奥妙，直有直的技巧，古人并不比我们差，你也不比古人聪明。

2001 年 7 月，在庆祝北京市武协传统太极拳健身推手研究社成立七周年活动上，马长勋（左）老师与弟子表演推手

太极总手——揽雀尾

传统吴式太极拳是 81 式，取自“九九归一”之意。现在都习惯叫 83 式，因为杨禹廷先生加了措手和措掌两个动作。我学拳的时候就没有开脚这个动作，直接站好不就行了吗？很多东西都是后人加的，似是而非，比如“斜中寓正”“三尖相照”，我学拳的时候没有这些说法，斜就是斜，正就是正，有些动作是斜的，但斜的是角度，身子一定是正的。

揽雀尾是太极拳的一个总手，也是总劲，把所有这趟拳的内容都包括了。

顾名思义，揽就是包揽，兜起来捆起来，但不是捆得很紧，是揽住。你揽住鸭子、揽住鸡，小狗小猫，他身上都有一个本能的东西。揽雀尾，就算是喜鹊吧，是动物，身上都有鼓荡的本能，你掐住一只鸡，你看它里头鼓鼓荡荡的，就那个劲。太极拳练的就是这个鼓荡劲。这个鼓荡劲不是你练拳的时候瞎鼓荡，推手放松，才能练出来这个鼓荡劲。也就是弹性，推手推得脆，都是这个弹力。

过去听老人讲，太极拳的技术、内容、练法，一个揽雀尾就全包括了。形意拳呢，一个劈拳都包括了。八卦掌一个单换掌就包括了。

基本的东西，内在的东西，都在这里头。你到了高层的东西，也在这里头，“初心即道心”。当年刘老师教八卦掌，他会的很多，但只教十六手。用他的话说，这十六手就够了，多了浪费时间。

从简单慢慢变成复杂，从一个动作编成64掌，编成12形，108势，慢慢就成为一个套路，毕竟一个揽雀尾太单调。编成套路，教学生也方便，但实际上他的基本东西就一个，运用到这些动作当中。

比如吴式太极拳，变成37个招数，行，但是你弄成37个劲就不对了。一个揽雀尾当中包括了太极拳全部的身法，比如气宜鼓荡、用意不用力、肩肘手胯膝足外六合的关系、进退顾盼定、神意气……都代表了。其他动作只不过是招数不同，但是身上的劲是一样的。

所以拳论上讲“变化万端，而理为一贯”。你一千个方法，打人100个花样，道理只有一个。比方射箭，一张弓一支箭，你可以往上放，也可以往下放，也可以来个回头望月往后放……所谓万变不离其宗。你要一手一说，说起来没完。道理就是听劲、懂劲，什么是太极拳都不懂，还听什么？听见好劲你也不明白。出去了你也不知道怎么回事。你把人抽冷子搡一个摘楞，那是太极拳吗？是听劲懂劲吗？也不是。

懂劲要懂太极推手的规则、要求，以及它们和盘拳的关系是什么？懂劲是懂这个。懂劲后才能越练越精，还要“默识揣摩，渐至随心所欲，阶及神明”。拳论上写得多清楚啊。懂了后，也不是手手都灵吧，要默识揣摩，研究，找到规律。

“本是舍己从人，多误舍近求远。”只有舍己从人，你才能了解这个人，自己主观可不行。

“运劲如抽丝，蓄劲如开弓，发劲如放箭。”这些比喻就是非常干脆，只有弹力才能脆。抖弹之力，就像弹弓。比如“蓄劲如开弓”，等于撒手就放箭。开弓的时候，手动吗？不动。是弓弦绷着箭，不是手。实际是腰为主宰，腰准备好了，意念把弓拉开，手上动。手上的寸弹，才有那个意思，拽过来拥出去，那不能算。（马老师讲的时候做了动作和劲力演示）

太极拳不是没力，是比较巧妙。形意八卦到了高层，也都是这个东西。不过是入手不同而已。无论从刚入手，还是从柔入手，末了都得走到阴阳相济。阴阳相济，不是刚柔相济。这不一样。

为什么要练定步推手？定步推手才能练出这个鼓荡劲来。裆里头一插步，这是搡力、拥力、推力，不是鼓荡力。这样也能把人推出去，或者推倒，但他不是像断线的风筝那样出去。肉，不干净。

揽雀尾内里就是内气鼓荡。体会的是揽住的那个东西的鼓荡劲。这是双关语，你问劲，问的也是这个劲。他一来，你一鼓荡，对方出去了，也是这个劲。你要练出这个劲，但这个劲你要不松透了，

2004年10月，朝阳公园，笔者在向马长勋老师学习推手

它出不来。不是你自己瞎拧持出来的劲。

松者无形，你一碰，他就出来。也就是内劲。老子说："专气致柔，能如婴儿乎？"你看不过100天的小孩，你摁哪儿，他的劲就运到哪儿,太极拳就练的这个东西。这就叫"返先天"。小孩是没技术，但他的鼓荡劲就是这个。你一摁他肚子，他整个肚子的劲都跑到你这一块。你握住他的脚后跟,他能不丢不顶地蹬着你这个劲。你推他，他不撤，当然你劲大，他撤的时候，也好像是听着劲撤似的。你可以观察这些东西。太极拳用的就是这个，他是反着练的，返回先天。不是后天拿啊、撅啊、搡啊、推啊。

太极拳就是要克服本能，你要先发制人，我要舍己从人；我要制人，我用你的劲制你。都是反着来的。你要克服本能，找到这个并不难，你要混着，你就找不到。就这么个理。

揽雀尾,就是练的鼓荡劲,那个形,问题不大。形,就是两个要点。其一，我能不能松开，舒展到什么程度能松开，把周身的劲都松到脚下去;其二，推手的时候，脚下的劲再运到手上来。郑曼青说:"太极推手不用手，用手就不是太极拳。太极推手安用手？浑身上下都是手。"拳论上说："非一寸不太极，非一寸不虚实，非一寸不能拿不能发。"推手的时候，俩人找，自己盘拳的时候就是松。推手有了心得，把心得运用到盘拳当中，去养手。

越松越好,都说丹田气怎么怎么样,如果不松,气在丹田存不住。真松下来，自然就沉了，这是一种感觉，你都松开了，你感觉小腹沉甸甸的。过去术语就叫"气"。这一个"沉"字耽误事,不明白的，就往下压，沉嘛。实际是不要管他，你真正松开了，松透了，气你让他上他也上不去。你松不开，你压下去也待不住。你思想一走神他就上去。不要憋气，呼吸要根据你的动作大小快慢自然地配合。

结　语

究竟太极拳该怎么练出来，怎么才能不走弯路？这是一个问题。现在大家基本都是业余练，也没人去深入研究，有关部门应该把这个整理出来，给后人真正指一条路。现在出书的老先生，本意也都是这个，但是各人按个人的心得写。稍微有点不精确，就容易给人引错路。

应该把共性的东西整理出来。比如去通州，你出朝阳门准没错。你从西安绕一圈也能回来，可惜绕弯路了。这得是权威的部门，权威的人！权威说的不靠谱大家也信，要不怎么叫权威呢。

我在北京市申请注册了一个组织：传统太极健身推手研究社，有十几年了。摆明了是健身的组织。又奔着技击又要健身，两者兼得，这是不可能的，必须有个侧重。当然技击中有健身，但是健身占多少，伤身占多少？健身的练法不见得不能技击，它毕竟是武术。健身的练法，以健身为主，以防身为辅，不等于不能技击。这要辩证地看，都别互相否定，让大家各有各的发挥，各有各的市场。别把精神都消耗在打嘴仗上。各方面走路，多方面发展。京剧也分生旦净末丑，都是老生，就没劲了吧。

拿京剧来说，过去的铜锤花脸，有多少啊，金少山、王泉奎、赵文奎、娄振奎、于鸣奎……各式各样的味道，现在都一个味了。“无净不学裘”嘛。过去的“架子花”也一样，现在都学袁世海，青衣全学张君秋，老生全学杨宝森，这些人确实有他的优点，但是对一个剧种来讲，千篇一律了，就没有意思了。

新中国成立后，有一种观点，说武术是用来对付敌人的，那是旧社会，现在我们都是同志关系，还技击什么，都做表演就行了。后来有领导说，你光弄花架子有什么用啊，这能上前线吗？于是又搞技击。其实现在不还是在“拉锯”吗？现在电视上各门派较技，上去就抱腿，都一样。

太极拳的挖掘整理，应该借鉴京剧的音配像，没有这个音配像，这些老腔、服装、做派，很可能就失传了，至少是不能让更多人知道。现在结合这些传承人、录音、服装考证，等等，虽然补不到原样，至少比没有强。或多或少有点意思，可以找到马连良这些人的影子。

太极推手中，见过或者学习过三四代前辈的这些老先生都 80 多岁了，回忆回忆他们的老师，他们的手法，找学生把他们的手法做出来，让后人看看王子英、杨禹廷、张继之、李文杰、曹幼甫、王培生、刘晚苍等这些人的意思，留给后人也是一个资料。现在能做出来就不错，别怕人家说真假。比如王培生那么多学生，能不能把王先生的手法做出来？王培生先生的手法特点是哪儿来哪儿还，还得干净利落。你做出来，然后讲讲理论、道理，给大家一个看得见摸得着的东西。包括尚云祥等人的学生后人，都应该这么做。以前的武术观摩会，也保留了一些影像资料。真正的手法，得本门里头才能做出来。配合就是为了模仿老先生那个精神、手法。

写了几句感想，算是有个结尾吧：

松如无骨软如绵，
动似江河静如山。
轻灵圆活无拘紧，
发劲好似箭离弦。
推手变化无穷尽，
太极行功养丹田。
天天悟，日日研，
趣味随身美难言。
其中乐，享不完，
舒舒服服度晚年。
至诚君子遵此语，
方知我话不虚谈。

附录一：马老师太极拳歌

马老师在闲暇时，经常把废旧的包装纸盒裁成一个一个的纸片，有些心得就写在这些硬纸壳的背面，既无日期也无落款。时间一长，这些纸片也就丢失了，有时候“抢救”及时，也能留下一些。下面几首歌咏,就是我从马老师那里“抢救”出来的,愿与读者诸君共享。

其一：

太极义为尚，悟道品自高。

读书明至理，以人为本基。

其二：

调气令和，调身令柔；

静过则废，动过则损。

警钟之言，不可不究。

其三：

神拳泰斗杨露禅，武功盖世美名传。

研出推手传于世，变化无穷艺为先。

平日练习争趣味，双人对练喜开颜。

又能防身又健体，没有伤害致身残。

又养身心又养气，家家可练人人玩。

只要受益多推广，众生受益众生玩。

父子夫妻家庭练，其乐自找自喜欢。

我说此话如不信，一尝便知不空谈。

其四：

太极好，太极好，大批骗子出来了。

言正宗，几代孙，骗子手段高又高。

学者千万别上当，伤财还是小事情，练坏身心不得了。

望学者，睁开眼，千万认清假和真。

先读书，辨真伪，别让假拳伤你身。

附录二：吴式太极拳身法歌

马长勋 1995.10.16

吴式太极，极其细腻。四言为句，便于记诵。

下写数条，字字有据。认真牢记，行动有利。

大开大展，大虚大实。身心皆松，铭记心中。

一条一句，尽量讲清。此拳功深，有始无终。

中正安舒，轻慢圆匀。八字之法，贯穿拳中。

精神意念，内为四法。神意气体，称之四功。

虚领顶劲，头颅要空。精神提起，恰似气腾。

颈椎虚展，下颌微收。虚虚领起，似放风筝。

肩要松开，不抬不耸。名曰垂肩，甚为实用。

肘松腋空，尖对在面。空走如云，飘飘欲行。

腕手全松，舒展而行。角度一死，气不流行。

十指舒展，不可僵硬。内如蚁走，气血通行。

掌心要空，虚实分清。虚则内含，实则意凸。

背脊要直，切莫僵硬。内含虚展，挺拔其中。

腰为主宰，实际要松。果能松透，换力成功。

胯虚且开，不开难松。松展虚透，对气有功。

胸要内开，有利腑脏。松静自然，憋气难现。
脐周带脉，绕腹一圈。此处难松，身体力行。
人中丹田，甚为重要。要领全身，才有体会。
呼吸自然，起吸落呼，合吸开呼，任其自然。
腰胯大关，不许僵滞，尽早松开，气自下来。
两腿虚实，换步分清。步法灵活，神情自然。
脚要平展，足心要空。虚沾地面，最忌足蹬。
精神提起，不是瞪眼。内含自然，大度神明。
身稳如山，动如游龙。行云流水，不是形容。
神意内守，处处不空。说空实有，虚中有灵。
顶天立地，自在其中。旁门多骛，可叹终生。
何为神仙，精神乐观。身心平安，我心无念。
志诚君子，此不虚言。揣摩身验，便知不凡。
祛病延年，陶冶情操，年不虚度，享受一生。
我研此拳，四十余年。尊师敬友，得授真传。
心得体会，全写其中，习者验证，知我心诚。
同道好友，请多指正，精益求精，共登高峰。
太极之妙，祖国瑰宝，哲理幽深，文理深奥。
国际之中，他国没有，我国独到，引以自豪。
祖宗智慧，留下至宝，饮水思源，切莫忘了。
习者深研，莫要保守，代代相传，留于世间。
性命双修，益寿延年，静动之功，勤修方成。
古人真言，须当牢记，闻鸡起舞，精于勤练。
种瓜得瓜，种豆得豆。懒惰妄为，休想收成。
此拳此语，多悟心记。知性达慧，方知非易。
易是真易，必繁必难，繁中得简，回归自然。

说明此意，可供练习。言简易明，别无他意。

初学此道，难窥门径。八卦五行，功浅难通。

我为习者，此法写清，简而易明，习而有成。

只此一篇，入门轻松。明理练拳，收效眼前。

探讨拳理，各抒己见。倘有助益，诸君共勉。

致读者

《吴式太极·南湖传习录》自 2016 年 5 月初出版以来，得到了广大读者的厚爱，销售之快，出乎所有人的预料。

最初 1000 册在短短 5 天内售罄，追加的 500 册，除刻意保留的部分外，两天内又被抢购一空。由于第一版第一印按计划只有 3000 册，所以后来铺向市场的 1500 册显然无法满足读者的需求。大约一个月后，市场上就出现了各种各样的盗版，由于本书定价不高，所以这些盗版书为了节省成本,有的减少了彩页,有的干脆缩小了开本。至于内容的错漏差错，不知道有多少。在这种情况下，出版社方面建议尽快加印，以满足读者的需求，这也是一种对读者负责的精神。马老对此也深表赞同。

本书出版后，得到了很多读者的反馈，据此，笔者也对原稿中的个别笔误及地名人名等错误进行了修订。在此，向所有提出反馈意见、考据、考证的读者致以衷心的感谢。

不过，也有一些反馈属于读者的疑问，在此挑选具有代表性的几个问题，统一答复如下（以下内容均得到了马老的确认）：

第一，书中多处出现“拥劲”一词，有些读者以为是个错字，认为是“掤捋挤按”的“掤”，也就是“掤劲”。其实不是的。“掤劲”一般认为是太极的总劲，也就是轻轻的支撑力，鼓荡劲；而“拥劲”

不是一个“好劲”，它指的是用力推人的一本笨劲，这种劲比较长，发出去不脆，用北京话说就是“肉乎乎”的，走不干净。有点用身体、体重把人“拥”出去的感觉。

第二，原书第180页，第3行“阴不离阳…，阴阳相济，方为动静”有读者认为是 “阴阳相济，方为懂劲”，其实不然，马老在这里说的是“动静”。这一段要和下文结合起来看，下文李文杰先生说：“寓于阴阳，分为动静；贯串两极，融汇一炉。”两者结合起来，就能比较清楚地理解这段文字的意思。口语在表达的过程中，可能会对某一点特别强调，转化成文字，如果过于强调某一两句词句，可能会产生歧义。在此，应该通读本段全文，掌握大意，不要拘泥于某一两个词句。而且本段文字，无论是“方为动静”还是“方为懂劲”都不影响对大意的掌握，懂劲必然懂了动静，懂了动静，必然懂了阴阳，三者一理。

第三，原书第207页，第10行，“气血不就上去了”有读者认为是“气血不就上不去了”，其实不然，此处马老原意是梗着脖子会让气血上去，气血上去是错误的，气血上浮也容易引发高血压及并发症。

此外关于《授密歌》，马老讲述的内容，与正常的传本顺序有所不同。 “虎吼猿鸣，翻江倒海。泉清水静，尽性立命。”一般正常顺序是“虎吼猿鸣，泉清水静。翻江倒海，尽性立命。”这一点，笔者在整理的时候，就发现了这个问题，但是这个不能改动，因为如果把书中内容颠倒，就不符合马老的原意了。至于和原文有所不同，问题不大，读者自行鉴别即可。其次，“无形无相”一词，《太极往事》、《三爷刘晚苍》的作者季培刚先生建议应依照《太极功源流支派论》手本改为“无形无象”，但笔者以为“相”字有更加深刻的含义，故保留。

其他，关于历史人名，笔者并未做认真细致的考察，如有错误，请读者包涵。比如“杨露禅”，就有“杨禄躔”、“杨禄禅”等多种写法，姑从众。

还有些问题已经超出了文字回答的范畴，必须当面演示才能比较清楚地回答，这类问题，本文就不收录了。

本人只是马老弟子，并无马老的技艺和见识，因此，有不足之处，还请读者继续指正为盼。读者如有疑问，可以关注本人微信公众号《潜真堂》，以便沟通联系，对于有代表性和一定深度的问题，笔者将汇集交给马老统一回答，以期在再版时予以补充修订。

马老委托我在此向所有关心太极拳的热心读者表示感谢！太极拳的真正内涵需要您的发掘，太极拳的正确弘扬需要您的参与。

王子鹏

2016年10月30日星期日于潜真堂